近畿圏版⑦ 使いやすい!教えやすい!家庭学習に最適の問題集!

大阪教育大学附属 天王寺小学校

2021年度版 過去問題集

<問題集の効果的な使い方>

①お子さまの学習を始める前に、まずは保護者の方が「入試問題」の傾向や難しさを確認・把握します。その際、すべての「学習のポイント」にも目を通しましょう。
②入試に必要なさまざまな分野学習を先に行い、基礎学力を養ってください。
③学力の定着が窺えたら「過去問題」にチャレンジ!
④お子さまの得意・苦手が分かったら、さらに分野学習をすすめレベルアップを図りましょう!

必ずおさえたい問題集

大阪教育大学附属天王寺小学校

お話の記憶	1話5分の読み聞かせお話集①② お話の記憶問題集 中級編・上級編
図形	Ｊｒ・ウォッチャー 48「鏡図形」
言語	Ｊｒ・ウォッチャー 49「しりとり」
口頭試問	新口頭試問・個別テスト問題集
保護者	願書・アンケート・作文文例集 500

全30問

昨年度実施の過去問題 ＋ それ以前の特徴的な問題 を収録!!

●資料提供●

くま教育センター

ISBN978-4-7761-5316-0

C6037 ¥2000E

9784776153160

定価　本体2,000円＋税

1926037020004

日本学習図書 ニチガク

目指せ！合格！

家庭学習ガイド
大阪教育大学附属天王寺小学校

ペーパー　制作　巧緻性　口頭試問　行動観察　運動　親子面接

入試情報

応募者数：男子 258 名・女子 243 名
出題形態：ペーパー・ノンペーパー形式
面　　接：志願者面接
出題領域：行動観察、運動、ペーパーテスト（記憶・言語・数量・巧緻性・推理　ほか）

入試対策

親子の関係も評価の対象になったようで、2019 年度入試から行動観察の課題として「親子活動」が加わりました。さらに試験中に保護者アンケートも実施されるいます。志願者には従来どおり、ペーパーテスト、行動観察が２日間に分けて行われています。ペーパーテストは、幅広い分野から出題されており、「お話の記憶」「数量」「言語」「巧緻性」「推理」などが男女ともに頻出の課題となっています。思考力重視の出題傾向をしっかりと把握しましょう。2020 年度入試はさらにその傾向が強くなり、ペーパーテストの枚数自体も増えています。充分な準備が必要な入試と言えるでしょう。

- 試験前の抽選は 2017 年度から廃止され、志願者全員が考査を受けることができます。
- 当校の行動観察は、これまで「自由遊び」や「サーキット運動」などさまざまなものが出題されました。近年では男女とも、「ボール投げ」「リズム」「身体表現」といった競技色の薄い課題が出されています。
- ２日目に実施された志願者・保護者面接では、遊びを交えたり、テスターとゲームをしながらといった独特の形式で行われます。控え室に集められた中から 10 組ずつが体育館へ移動し、そのグループごとに面接を受けるという形です。

必要とされる力　ベスト６

チャートで早わかり！

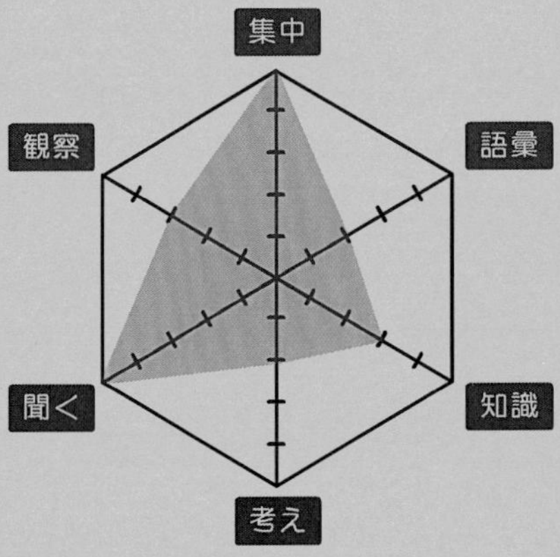

特に求められた力を集計し、左図にまとめました。
下図は各アイコンの説明です。

	アイコンの説明
集中	集中力…他のことに惑わされず１つのことに注意を向けて取り組む力
観察	観察力…２つのものの違いや詳細な部分に気付く力
聞く	聞く力…複雑な指示や長いお話を理解する力
考え	考える力…「～だから～だ」という思考ができる力
話す	話す力…自分の意志を伝え、人の意図を理解する力
語彙	語彙力…年齢相応の言葉を知っている力
創造	創造力…表現する力
公衆	公衆道徳…公衆場面におけるマナー、生活知識
知識	知識…動植物、季節、一般常識の知識
協調	協調性…集団行動の中で、積極的かつ他人を思いやって行動する力

※各「力」の詳しい学習方法などは、ホームページに掲載してありますのでご覧ください。http://www.nichigaku.jp

〈合格のためのアドバイス〉

ここ数年、当校の入試問題は毎年のように変化しています。以前のように解らなければとりあえず解答しておけばいいという内容から、じっくり考えること、言葉を理解してしっかりと対応することが求められるようになりました。

また、当校の対策は、お子さまと保護者の方、それぞれが必要と変わってきています。お子さまが頑張っても、保護者の方によって残念な結果になることも起こりうる入試と言えるでしょう。

出題内容に目を向けてみると、今までとは解き方も出題方法も違う問題が出題されました。ですから、言われていることが理解できないと解答することができなかったと思います。このような問題の場合、いきなり難しい問題に取り組むのではなく、まずは、基礎的な問題をしっかりと身につけた上で実践問題に取り組みましょう。

当校の対策の一番のポイントは、過去問題をよく読み出題意図を正しく把握することです。過去問全体を読んだときに注目していただきたいのは、出題の観点が毎年のように増えていることです。例えば、昨年度の問題では「言葉の理解」、一昨年度は「思考力」が出題のキーワードとして読み取れます。しかも、関西では他校での類似問題はあまり見られない出題方法や問題であったという点を考慮すると、しっかりと基礎力をつけることがより重要となったと言えるでしょう。

昨年、不合格だった人の特徴の一つに、学校側の指示、出題をしっかりと理解し、対応できなかったという点が挙げられます。

保護者の方の方に目を向けると、近年、当校は保護者に対して強い姿勢と意識をもって対応しています。保護者の方の対策は、配布された文章をしっかりと読み、理解し、書かれてあるとおりにすることが求められます。

学校側は、個人の判断による、自分勝手な行動に強い危機感を抱いています。例えば、登校時の交通手段などです。自分だけはという考えから、自家用車を使用して当校するなど、身勝手な対応、言われたことを理解していない行動は特に嫌っています。

こういった点から、お子さま、保護者の方共に、しっかりと対策をとりましょう。

各問題の観点などは、アドバイスをしっかりと読み対応してください。

〈2020年度選考〉

◆親子活動（考査２日目に実施）
◆ペーパーテスト
◆行動観察
◆指示画
◆行動観察・運動（集団）

◇過去の応募状況

2020年度	男子258名	女子243名
2019年度	男子274名	女子221名
2018年度	男子257名	女子228名

入試のチェックポイント

◇生まれ月の考慮…「なし」

〈本書掲載分以外の過去問題〉

◆記憶：見る記憶とお話の記憶の複合問題。［2011年度］
◆言語：しりとりで絵をつなげる。［2013年度］
◆運筆：線と線の間を、☆から◎まで壁に当たらないように線を引く。［2011年度］
◆課題画：予め描いてあるお皿の上に、好きな果物をクレヨンで描く。［2011年度］
◆運動：ケンパ・かけっこ・ボールのドリブル。［2013年度］
◆面接：すごろくを行いながらの面接。［2013年度］

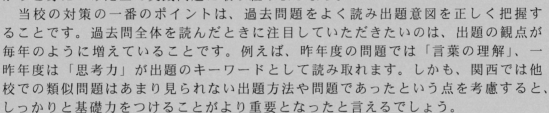

大阪教育大学附属
天王寺小学校

過去問題集

〈はじめに〉

現在、少子化が叫ばれているにもかかわらず、私立・国立小学校の入学試験には一定の応募者があります。入試は、ただやみくもに学習するだけでは成果を得ることはできません。志望校の過去における出題傾向を研究・把握した上で、練習を進めていくこと、その上で試験までに志願者の不得意分野を克服していくことが必須条件です。そこで、本問題集は小学校を受験される方々に、志望校の出題傾向をより詳しく知って頂くために、過去に遡り出題頻度の高い問題を結集いたしました。最新のデータを含む精選された過去問題集で実力をお付けください。

また、志望校の選択には弊社発行の「**2021年度版　近畿圏・愛知県　国立・私立小学校　進学のてびき**」をぜひ参考になさってください。

〈本書ご使用方法〉

◆出題者は出題前に一度問題を通読し、出題内容などを把握した上で、〈**準　備**〉の欄に表記してあるものを用意してから始めてください。

◆お子さまに絵の頁を渡し、出題者が問題文を読む形式で出題してください。問題を読んだ後で、絵の頁を渡す問題もありますのでご注意ください。

◆「**分野**」は、問題の分野を表しています。弊社の問題集の分野に対応していますので、復習の際の目安にお役立てください。

◆問題番号右端のアイコンは、各問題に必要な力を表しています。詳しくは、アドバイス頁（ピンク色の１枚目下部）をご覧ください。

◆一部の描画や工作、常識等の問題については、解答が省略されているものがあります。お子さまの答えが成り立つか、出題者が各自でご判断ください。

◆〈**時　間**〉につきましては、目安とお考えください。

◆解答右端の［**○年度**］は、問題の出題年度です。［**2020年度**］は、「2019年の秋から冬にかけて行われた2020年度入学志望者向けの考査で出題された問題」という意味です。

◆**学習のポイント**は、指導の際にご参考にしてください。

◆**【おすすめ問題集】**は各問題の基礎力養成や実力アップにご使用ください。

〈本書ご使用にあたっての注意点〉

◆文中に **この問題の絵は縦に使用してください。** と記載してある問題の絵は縦にしてお使いください。

◆〈**準　備**〉の欄で、クレヨンと表記してある場合は12色程度のものを、画用紙と表記してある場合は白い画用紙をご用意ください。

◆文中に **この問題の絵はありません。** と記載してある問題には絵の頁がありませんので、ご注意ください。なお、問題の絵の右上にある番号が連番でなくても、中央下の頁番号が連番の場合は落丁ではありません。

◆下記一覧表の●が付いている問題は絵がありません。

問題１	問題２	問題３	問題４	問題５	問題６	問題７	問題８	問題９	問題10
問題11	問題12	問題13	問題14	問題15	問題16	問題17	問題18	問題19	問題20
		●	●			●			
問題21	問題22	問題23	問題24	問題25	問題26	問題27	問題28	問題29	問題30
					●		●		

(得) 先輩ママたちの声！

◆実際に受験をされた方からのアドバイスです。
ぜひ参考にしてください。

附属天王寺小学校

・携帯電話の持ち込みはＮＧです。持ってきてしまった場合は、学校に預かってもらうことになります。受験番号でどの児童の保護者かもわかりますので、必ず預けるようにしてください。

・面接では、毎回テーマに沿った口頭試問が行われます。お箸の持ち方などマナーに関してはしっかりと教えておくといいと思います。

・ふだんから時間にゆとりを持って、遊ぶ機会をたくさん作ることを意識しました。なるべく、博物館や動物園、体験型施設など知識や経験が増やせるようなところを選んで出かけるようにしました。

・家族でアウトドアに出かけるなど、自然の中で過ごす時間が持てるように気を付けました。

・試験中に靴を脱いだり履いたりするので、子どもが自分で脱いだり履いたりしやすい靴を選ぶとよいと思います。

・試験や面接では、上級生が子どもたちを呼びに来ます。親しみやすく、行動観察の時も楽しく遊んでもらったようです。

・最終グループは長時間待つことになります。待合室には子どもが座る椅子しかありません。折り畳みの椅子、軽食、折り紙や絵本などを持って行かれることをおすすめ致します。

・待ち時間が長くて走り回る子どもがいました。飽きないようにいろいろ持って行った方がいいと思います。

◎学習効果を上げるため、前掲の「家庭学習ガイド」及び「合格のためのアドバイス」をお読みになり、各校が実施する入試の出題傾向を、よく把握した上で問題に取り組んでください。
※冒頭の「本書ご使用方法」「本書ご使用にあたっての注意点」も併せてご覧ください。

2020年度の最新問題

問題1　分野：記憶（お話の記憶）

集中　聞く

〈準備〉　鉛筆

〈問題〉　**この問題の絵は縦に使用してください。**

今日は日曜日です。けんちゃんが家で本を読んでいると、「おつかいに行ってきて」とお母さんが言いました。けんちゃんが、「いいよ～」と答えると、お母さんはけんちゃんに買うものを書いたメモとお金を渡しました。けんちゃんにメモを見せながら、「これとこれは八百屋さん、これはお肉屋さんで、買ってきてね。もしお金が余ったら、ご褒美に好きなおかしを買ってもいいよ」と言いました。けんちゃんは「は～い」と返事をし、バッグを買ってもらったばかりの赤い自転車に入れて出かけました。八百屋さんに向かう途中、けんちゃんはしょうたくんに会いました。しょうたくんもお母さんに頼まれて、パン屋さんにおつかいでした。２人は一緒に買物に行くことにしました。八百屋さんに着くと、けんちゃんはお店の人にメモを見せて、ニンジンとジャガイモを買いました。すると、八百屋のおじさんが「１人でおつかいとは偉いねえ。これもおまけしてあげるよ」と言って、おいしそうなトマトをひとつおまけしてくれました。「ありがとう～」と八百屋さんにお礼を言ったけんちゃんは、お肉屋さんに行きました。お肉屋さんに行く途中、今度はピアノを習いに行くみみちゃんに会いました。「けんちゃん、おつかいなんて偉いわね」とほめてもらったけんちゃんは、少し照れながら「みみちゃんもピアノの練習をがんばってね」と言って別れました。お肉屋さんでもお店の人にメモを見せてソーセージを買うと、けんちゃんはしょうたくんと一緒にパン屋さんに行き、しょうたくんは食パンを買いました。帰る途中、ミミちゃんが公園のブランコで遊んでいるのを見たけんちゃんは「ピアノの練習は終わったの？」とミミちゃんに聞くと、ミミちゃんは「先生が風邪をひいてお休みになったの」と答えました。しょうたくんが、「おつかいが終わったらいっしょに遊ぼうよ」と声をかけると、「ここで待っているよ」とミミちゃんが言いました。おつかいを済ませて無事に家に戻ったけんちゃんとしょうたくんは、お母さんに頼まれたものとおつりを渡すと、すぐにみみちゃんのいる公園に向かいました。

①けんちゃんが２番目に行ったお店はどこですか。○をつけてください。
②けんちゃんが八百屋さんのおじさんからおまけにもらったものを選んで、○をつけてください。
③けんちゃんの自転車の色と同じものを選んで○をつけてください。
④みみちゃんは何の練習に行く途中でけんちゃんに会ったでしょう。正しいものを選んで○をつけてください。

〈時間〉　各30秒

〈解答〉　①肉屋　②トマト　③イチゴ　④ピアノ

［2020年度出題］

学習のポイント

当校のお話の記憶は、日常生活の一場面を描いたものが多いようです。似たような経験があれば、お子さまにとってはわかりやすく、記憶もしやすいでしょう。しかし、変わったものが登場しない、お話に突飛な展開がない、ということはお子さまにとっては印象に残りにくいということでもあります。当校の問題を解いて、話の流れはわかっているのに、肝心の問題で聞かれていることが思い出せない、ということがあるのはそのことに関係があるかもしれません。お話を聞くことに慣れてくると自然にお話の場面がイメージでき、「～は～色」「誰が～した」といった細かい点も記憶できるのですが、まだその段階ではないというお子さまは以下のような練習をしてください。①お話に出てくる人・ものを復唱しながら聞く。②お話を聞いた後に自分で問題を作る。③簡単でよいのでお話の一場面を絵にしてみる。いずれもお話の情報を整理するためのテクニックです。

【おすすめ問題集】

１話５分の読み聞かせお話集①・②、１話７分の読み聞かせお話集入試実践編①
お話の記憶 初級編・中級編・上級編、Ｊｒ・ウォッチャー19「お話の記憶」

問題2　分野：巧緻性（点・線図形）　集中

〈準 備〉　鉛筆、色鉛筆

〈問 題〉　左に書かれた見本と同じになるように点をつないでください。描いた形を好きな色で塗ってください。

〈時 間〉　３分

〈解 答〉　省略

［2020年度出題］

家庭学習のコツ①　「先輩ママのアドバイス」を読みましょう！

本書冒頭の「先輩ママのアドバイス」には、実際に試験を経験された方の貴重なお話が掲載されています。対策学習への取り組み方だけでなく、試験場の雰囲気や会場での過ごし方、お子さまの健康管理、家庭学習の方法など、さまざまなことがらについてのアドバイスもあります。先輩ママの体験談、アドバイスに学び、ステップアップを図りましょう！

学習のポイント

見本の通り図形を描く、線を引くという課題は当校で頻出します。もちろん滑らかで美しい線を引いた方がよいのですが、必要以上にこだわる必要はありません。ここでは、指示を理解しているかと筆記用具が正しく使えているかをチェックされると考えてください。線が少々歪んでいても気にすることはありません。鉛筆は正しく握っていないと筆圧が強くなって線が太くなったり、滑らかに線が引けなくなります。それが疑われるような結果でなければよい、ということです。色鉛筆で塗る時も同じで、センスや器用さはそれほど評価されません。時間内に年齢相応の作業ができていれば、何の問題もないでしょう。なお、線の始点と終点を視界に入れてペン先を動かすようにすると、思い通りのものに近い線が引けるようになります。一度試してみてください。

【おすすめ問題集】

Ｊｒ・ウォッチャー１「点・線図形」、51「運筆①」、52「運筆②」

問題３　分野：複合（推理・数量・巧緻性）

聞く　観察　考え

〈準 備〉　鉛筆

〈問 題〉　**この問題の絵は縦に使用してください。**

①１番上の段を見てください。左側の四角の「？」のところに●（黒い丸）を置くと●と●に挟まれた○（白い丸）は●に変わります。その時の●の数と同じ数の積み木を右側の四角から選んで○をつけてください。その下の②も同じように答えてください。

③下から２番目の段を見てください。空き缶を３個、お店に持って行くとジュースが１本もらえます。もらったジュースをお家へ持って帰り、コップに注ぐと左の四角のようになりました。真ん中の四角の空き缶をお店に持っていった時、もらったジュースはどこまで入りますか。右の四角のコップにジュースが入るところまでの線を引いてください。その④も同じように答えてください。

〈時 間〉　各１分30秒

〈解 答〉　下図参照

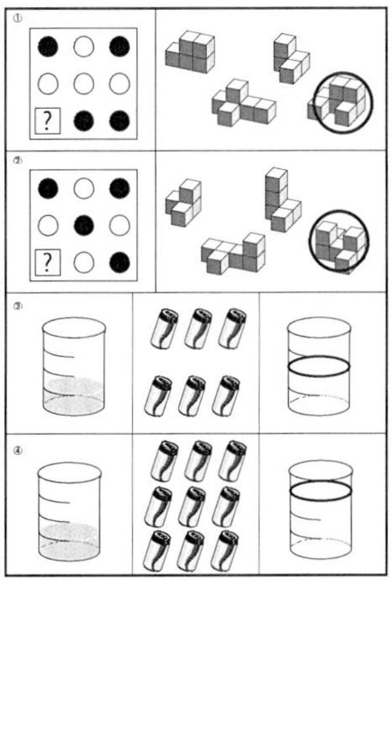

［2020年度出題］

学習のポイント

①②はブラックボックスに、積み木の四方観察を合わせた複合問題、③④は、置き換えの考え方と巧緻性が必要な複合問題です。①②はよくあるブラックボックスの問題と見かけは違いますが、オセロをすると●の数が変わるということは、箱を通ると数が変わるということと同じです。その意味でブラックボックスの問題と考えてよいのです。ふつうのブラックボックスの問題では、変化の約束事（箱を通ると「●」が「●●」になるといったもの）が絵に描かれていることが多いのですが、ここでは指示されるだけなので理解力も必要になってきます。つまり、問題自体はそれほど複雑ではありませんが、問題の意味を理解するのが難しいということになります。③④にも言えることですが、応用力が試されるこうした問題に対応するには、解き方を覚えるのではなく、解き方を考える学習が必要です。中にはそうした学習が自然とできているお子さまもいますが、ほとんどのお子さまは教えられるまま、「断片的に知識を覚える」学習で終わってしまうものです。保護者の方は、「考える機会」を与えるだけではなく、説明の際にも答えではなく、考え方を教えるよう意識してください。

【おすすめ問題集】

Ｊｒ・ウォッチャー31「推理思考」、32「ブラックボックス」、
42「一対多の対応」、57「置き換え」

問題4　分野：制作（指示制作）

聞く　考え

〈準備〉　鉛筆、色鉛筆、ハサミ、のり

〈問題〉　今からサイコロを組み立ててもらいます。
①○を青色で塗ってください。
②○を下にした時、上になる四角に好きなお友だちの顔を書いてください。
空いている四角には乗りものの絵を描いてください。
③太線で絵を切り抜いてください。
④のりを使ってサイコロを組み立ててください。

〈時間〉　①１分　②３分　③５分　④５分

〈解答〉　省略

［2020年度出題］

家庭学習のコツ②　「家庭学習ガイド」はママの味方！

問題演習を始める前に、試験の概要をまとめた「家庭学習ガイド（本書カラーページに掲載）」を読みましょう。「家庭学習ガイド」には、応募者数や試験課目の詳細のほか、学習を進める上で重要な情報が掲載されています。それらの情報で入試の傾向をつかみ、学習の方針を立ててから、対策学習を始めてください。

学習のポイント

男子・女子共通の出題です。制作問題としては複雑な作業はないので、年齢相応に道具が使えれば問題ありません。１度練習しておけば十分でしょう。この問題の難しいところは、サイコロを組み立てる前に、完成したサイコロを想像して絵を描く面を決めなければならないことです。小学校入試を受ける年頃のお子さまは空間を認識する能力はまだ未発達ですから、描いてある絵を見て、どの面が立体のどこになるのかがわからないのは当然のことです。ただし、サイコロのような正方体については別で、小学校入試では例外的にこのような課題が出ると覚えておきましょう（当校でも数年前に出題例があります）。対策としては、経験してその仕組や結果を覚えるしか方法はありません。「サイコロを～回転がした時、上になるのはどの面か」といった出題もあります。

【おすすめ問題集】
Ｊｒ・ウォッチャー５「回転・展開」、23「切る・貼る・塗る」

問題５　分野：複合（言語・常識）

知識　語彙

〈準　備〉　鉛筆

〈問　題〉　**この問題の絵は縦にして使用してください。**
①上の段で言葉のはじめの音が「か」のものを選んで○をつけてください。
②上の段で言葉のはじめの音が「す」のものを選んで△をつけてください。
③上の段の絵の言葉のはじめの音をつなげるとできるものを下の段から選んで◎をつけてください。
④すべての絵から『桃太郎』のお話に出るものを選んで□をつけてください。

〈時　間〉　①②④各30秒　③２分

〈解答例〉　下図参照

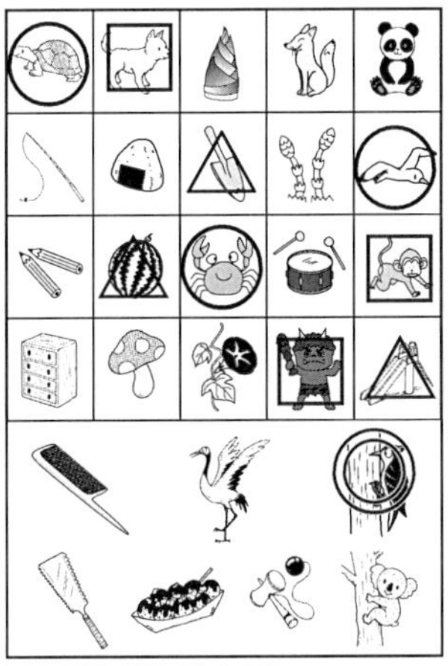

［2020年度出題］

学習のポイント

③は頭語（名詞の最初の音）をつなげて言葉を探すという問題です。わかりにくい絵はないので難しくはないでしょうが、時間がない上に絵が多いので、速く判断をして答えてください。戸惑っていると解答時間が足りなくなります。④はそれまでの問題とは関係のない知識を問う問題です。当校では童話に関する知識がよく出題されるので、有名なお話については一通り押さえておきましょう。特に登場人物について聞かれることが多いので、確実に覚えてください。その一方で、生活マナーや理科的な常識が当校で問われることは少ないのですが、小学校受験全体の傾向として聞かれることが多くなっています。出題が少ない学校で、ある年突然出題されることがあっても不思議ではありません。対策は抜かりなく行っておきましょう。

【おすすめ問題集】

Ｊｒ・ウォッチャー17「言葉の音遊び」、18「いろいろな言葉」、
60「言葉の音（おん）」

問題6　分野：複合（対称・模写）

集中　観察

〈準 備〉　鉛筆

〈問 題〉　**この問題の絵は縦に使用してください。**
２つの形を真ん中の点線で折った時、上の形がぴったり重なるように下の形に記号を書いてください。

〈時 間〉　５分

〈解 答〉　下図参照

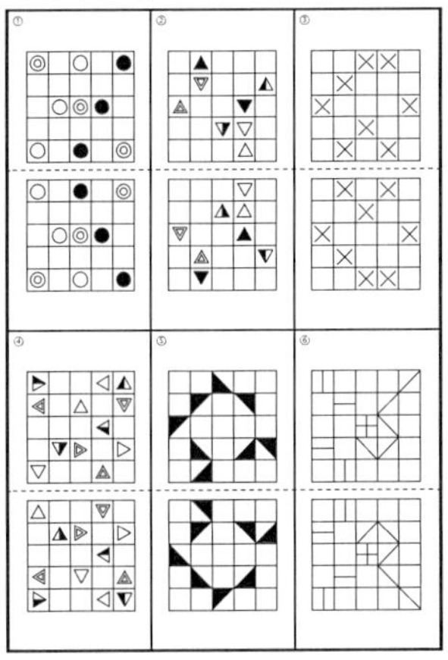

［2020年度出題］

学習のポイント

一見、重ね図形の問題に見えますが、上の図形の対称図形を下の対応するマス目にひたすら書くという、作業の多い問題です。通常は左に図形があって、その対称図形を右の空欄（マス目）に書くパターンが多いのですが、ここでは上下に図形があります。しかも、マス目で区切られた四角にいくつかの異なる図形が置かれているので、かなり複雑な見た目です。こういったものを全体的に見てしまうと混乱の素になるので、切り分けて対処しましょう。例えば、１番上の段の左上の四角から考えるや、○・△など記号ごとに考えるでもかまいません。とにかく一度に考えず、分けるのが正確な作業をするコツです。１つひとつの図形が反転するとどうなるかは直感的にわかると考え勝ちですが、△など反転すると図形の方向が変化するものには注意してください。意外と間違えてしまうものです。

【おすすめ問題集】

Ｊｒ・ウォッチャー35「重ね図形」、46「回転図形」

問題７　分野：数量（選んで数える）

観察　考え

〈準備〉　鉛筆

〈問題〉　**この問題の絵は縦に使用してください。**
それぞれの段の左の四角に描いてあるものを下の四角から見つけて、その数だけ右の四角に○を塗ってください。

〈時間〉　３分

〈解答〉　①５　②６　③７

［2020年度出題］

家庭学習のコツ③　効果的な学習方法～問題集を通読する

過去問題集を始めるにあたり、いきなり問題に取り組んではいませんか？　それでは本書を有効活用しているとは言えません。まず、保護者の方が、すべてを一通り読み、当校の傾向、ポイント、問題のアドバイスを頭に入れてください。そうすることにより、保護者の方の指導力がアップします。また、日常生活のさまざまなことから、保護者の方自身が「作問」することができるようになっていきます。

学習のポイント

同じようなものばかりが登場していますが、正確にカウントするには、まず区別をはっきりとつける必要があります。その絵のどこが違うかを明確にして、それを基準にしながら１つずつ分類していくのです。こうした数多くのものを数えるという作業に慣れていなければ、印をつける、同じものを〇で囲むなどの工夫をしてもよいですが、あくまでそれは便宜的な方法と考えてください。10までのもの（集合）なら、一目でいくつあるかがわかる程度に数に対する感覚を磨いておかないと、時間内に答えられない問題が入試では登場します（１問30秒以内で答えるように設定されてるものが多い）。そうした問題はハウツーを使うと時間内に答えられない仕組みになっていることが多いのです。

【おすすめ問題集】
Ｊｒ・ウォッチャー４「同図形探し」、37「選んで数える」

問題8　分野：記憶（お話の記憶）

集中　聞く

〈準備〉　鉛筆

〈問題〉　今日は太郎君と花子さんが通っている幼稚園の遠足の日です。行き先は動物園です。太郎君は生まれたてのライオンの子どもがいるという話を聞いていたので、遠足をとても楽しみにしていました。背中のリュックの中にはお弁当とハンカチ、ティッシュ、それから、雨が降った時のために折りたたみ傘が入っています。花子さんはあまり動物が好きではないので、あまり遠足に行くのが楽しくありません。リュックに折りたたみ傘も入れていません。口には出しませんが、「今から雨が降って遠足が取りやめにならないかな」と思っていました。幼稚園を出発すると電車に乗り、その後にバスに乗って動物園へ行きました。動物園の前には白や黄色のコスモスの花がたくさん咲いています。２人はまず、ライオンの赤ちゃんを見に行きました。赤ちゃんはライオンの檻の隅の箱に毛布にくるまれて寝ていました。次はサルを見に行くことにしました。サルたちは、山に登ったり木から木に飛び移ったり、シーソーで遊んだりしていました。シーソーで楽しそうに遊んでいるサルたちを見て、太郎君が「僕も一緒にシーソーで遊びたいな」と言いました。その時、花子さんが「太郎君、お弁当の時間だよ」と言ったので、太郎君はびっくりしました。太郎君がサルに夢中になっている間に、いつの間にかお昼になっていたのです。２人は近くの原っぱで、お弁当を食べることにしました。花子さんのお弁当はレタスとハムのサンドイッチで、太郎君のお弁当は梅干しの入ったおにぎりです。お弁当を食べ終わると、花子さんはウマのところへ、太郎君はカメのところへ行きました。花子さんがウサギを抱っこしていると、一緒に来ていた園長先生が「ウサギさんをしっかり抱っこしていてね」と言って、カメラで写真を撮りました。花子さんは「こんなよいお天気なら、動物園も楽しいな」と思いました。

（問題８の絵を渡す）
①花子さんと太郎君が行ったのはどこですか。〇をつけてください。
②太郎君が持って行かなかったものはどれですか。〇をつけてください。
③園長先生は何を持っていましたか。持っていたものに〇をつけてください。
④帰る時、バスの次に乗った乗り物は何ですか。その乗り物に〇を書いてください。

〈時間〉　①②③各30秒　④45秒

〈解答〉　①左から２番目（動物園）　②左端（スマートフォン）
③右から２番目（カメラ）　④右端（電車）

［2020年度出題］

学習のポイント

女子に出題されたお話の記憶の問題です。特に難しい問題はありませんが、設問④のように直接の話されていないことを聞かれると戸惑うかもしれません。「来る時に乗った乗り物を逆に並べればよい」という発想ができるのはもう少し成長してからでしょう。口頭で説明してもわからない時は、「家→駅→（電車）→駅→（バス）→動物園」というように、絵に描いて示してあげてください。なお、この問題ですが、出題時には絵が２枚に分けて描かれており、なおかつそれぞれにシールを貼るという作業があったそうです。「シールを貼ってから問題を解いてください」という指示です。問題の内容とは関係ありませんし、シール貼るという程度の巧緻性（器用さ）はみんな持ち合わせているでしょうから、そういったことは評価の対象ではありません。あくまで指示を聞いているか、そのとおりにできるかということを観察しているのです。

【おすすめ問題集】

１話５分の読み聞かせお話集①・②、１話７分の読み聞かせお話集入試実践編①
お話の記憶　初級編・中級編・上級編、Ｊｒ・ウォッチャー19「お話の記憶」

問題9　分野：巧緻性（線なぞり）

集中　創造

〈準　備〉　鉛筆、色鉛筆

〈問　題〉　点線で絵が描いてあります。点線の通りになぞって書いてください。なぞったら、その形を好きな色で塗ってください。

〈時　間〉　３分

〈解　答〉　省略

［2020年度出題］

学習のポイント

女子の巧緻性の課題です。同じような課題が男子にも出題されており、なぞる図形が少し複雑で、塗りにくいこと以外はほぼ同じです。特に対策は必要はありません。絵を描いているわけではないので、色彩感覚や独創性は評価の対象になっているわけでもないでしょう。作業が時間内に行えれば、それで問題ないということです。指示といっても「点線をなぞる」「塗る」という２つですから、戸惑うこともないはずです。ただし、自由な課題と言っても、塗った色がはみ出さいない程度の気はつかいましょう。特に、色鉛筆の持ち方など、年齢相応の巧緻性（器用さ）が備わっていないと判断されれば、合否にも関わってきます。雑な作業は厳禁です。後は作業後の片付けのマナーを含め、悪い意味で目立たないように気をつければ悪い評価は受けないはずです。

【おすすめ問題集】

Ｊｒ・ウォッチャー１「点・線図形」、51「運筆①」、52「運筆①」

問題10　分野：推理（系列、四方からの観察、位置の移動）

観察　考え　集中

〈準　備〉　鉛筆

〈問　題〉　**この問題の絵は縦に使用してください。**

①上の段を見てください。お約束に従って形が並んでいます。空いている四角にあてはまる形を書いてください。

②真ん中の段を見てください。左の四角のように動物たちが積み木を見ています。右の四角の中から、ブタから見た積み木を選んで○、ネコから見た積み木を選んで△をつけてください。

③下の段を見てください。上の四角のお約束でウサギは動きます。１番下の四角の順番でウサギが動いた時、その上にいるウサギはどのように動くでしょうか。太い線のマス目にウサギが最後に止まるものを１番下のお約束から選んで○をつけてください。

〈時　間〉　①②１分　②３分

〈解　答〉　下図参照

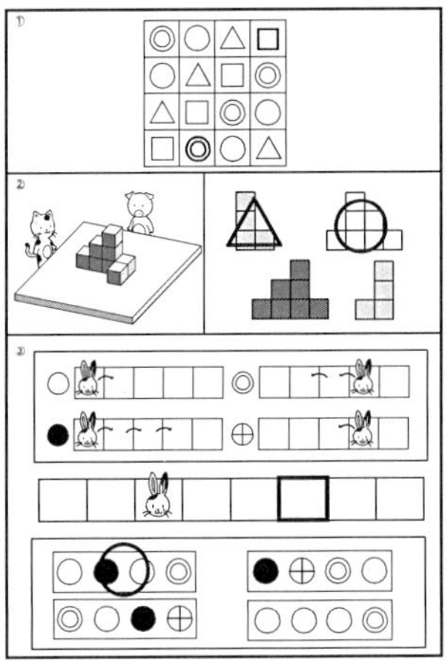

［2020年度出題］

学習のポイント

①は系列の問題ですが、単純な直線の系列ではなく四角のマス目の系列です。しかも、見つけるお約束は「縦列、横列で○△□◎が１つずつある」です。並び順ではないので指で記号を押さえるといったハウツーは通用しません。難問ですが、正面から考えるべき問題でしょう。②は四方観察の問題です。こちらはよく見かける問題ですが、それぞれの動物からどのように見えるかをイメージできる程度には、積み木を扱っておきましょう。遊びの延長で構わないので、とにかく積み木に触れておいた方が、類題を解くよりもイメージは湧きやすくなります。③は位置移動の問題です。この問題が難しいのは、ウサギが動くルールが複雑なこと、問題の意味がわかりにくいことです。簡単に言えば、「ウサギが太線の四角に止まるパターンの位置移動を選ぶ」という問題なのですが、一度聞いただけはなかなかわからないかもしれません。また、「置き換え」もこの問題を難しくている原因の１つです。例えば、「○」は「ウサギが右へ１マス動くこと」に置き換えられるのですが、この２つを結びつけるのがお子さまには難しいのです。慣れるまでは保護者の方がヒントを出すなどの工夫をしてください。

【おすすめ問題集】

Ｊｒ・ウォッチャー１「点・線図形」、３「パズル」、６「系列」、14「数える」

問題11　分野：複合（言語・常識）

知識　語彙

〈準備〉　鉛筆

〈問題〉　①「なわとび」と同じ音の数の言葉を選んで○をつけてください。
②『桃太郎』と『花咲かじいさん』両方のお話に出てくるものを選んで○をつけてください。

〈時間〉　３分

〈解答〉　①イノシシ、アサガオ　②イヌ、おじいさん

［2020年度出題］

学習のポイント

こういった問題には、語彙・知識の豊富さが必要です。絵本に出てくる動物や植物の名前を覚えることも大事ですが、日常生活の中で使われる言葉や季節の野菜・果物などについても名前を正しく覚えるように気を付けましょう。各家庭や地方独特の表現、ネットでの表現など一般的ではない表現は避けるようにしてください。また言葉遊びとしては、この問題にある「同頭語」のほかに、「同尾語」や「反対語」、「しりとり」などがあります。日頃からそれらの遊びでお子さまが知っている言葉の数を増やしましょう。また、繰り返しになりますが、有名な昔話の登場人物・あらすじなどに関する問題は当校で度々聞かれています。読み聞かせのよい題材にもなりますから、日々の学習に昔話を活用してみてください。

【おすすめ問題集】
Ｊｒ・ウォッチャー17「言葉の音遊び」、18「いろいろな言葉」、
60「言葉の音（おん）」

家庭学習のコツ④　効果的な学習方法～お子さまの今の実力を知る

１年分の問題を解き終えた後、「家庭学習ガイド」に掲載されているレーダーチャートを参考に、目標への到達度をはかってみましょう。また、あわせてお子さまの得意・不得意の見きわめも行ってください。苦手な分野の対策にあたっては、お子さまに無理をさせず、理解度に合わせて学習するとよいでしょう。

問題12　分野：図形（合成）

考え　観察

〈準 備〉　サインペン（青色）

〈問 題〉　左側の形を作るのにいらないものが右側の四角の中にあります。いらないものに×をつけてください。

〈時 間〉　各１分

〈解答例〉　下図参照　　※×をしたピースの数が同じなら、正解としてください。

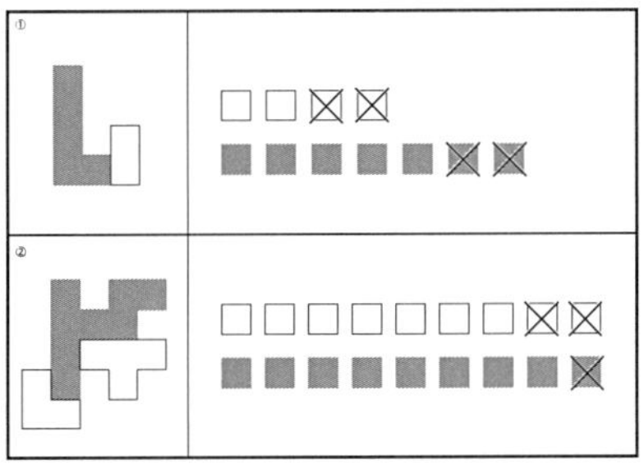

［2020年度出題］

学習のポイント

図形の合成の問題ですが、ピースはすべて同じ正方形という問題です。でき上がった形にに分割する補助線があれば、すぐに答えがわかってしまうでしょう。例えば、①なら白い長方形を横に半分にすれば、正方形２つを使ったパズルだと考えるまでもなくわかかります。つまり、このパズルは図形の組み合わせではなく、正方形をいくつ使った形なのかを考えるものなのです。パズルの基本であると同時に、盲点になっている問題とも言えるでしょう。タネがわかっていれば答えるのは簡単ですが、その種を見つけるには日頃の学習が必要です。繰り返しになりますが、解き方を覚える学習ではなく、解き方を考える学習を行うこと、保護者の方は答えではなく、方向性をヒントとして与えるような学習を心がけてください。

【おすすめ問題集】

Ｊｒ・ウォッチャー３「パズル」、９「合成」、45「図形分割」、54「図形の構成」

問題13　分野：運動（リズム運動）

聞く　協調

〈準 備〉　縄跳びの縄、タンバリン、マット、
『さんぽ』『ピクニック』の音源・再生機器

〈問 題〉　この問題の絵はありません。
①（『さんぽ』の曲を流して）
音楽に合わせてマットの上に描いてある黄色い線を左右に飛び越えてください。
②縄跳びの縄を二つ折りにして、右手で持ち、上下にグルグルと回してください。タンバリンを１度鳴らしたら左手に持ち替えて、縄を回してください。タンバリンをもう一度鳴らしたら終了です。
③マットの上で、マットからはみ出さないように縄跳びを跳んでください。タンバリンを１度鳴らしたら始めて、もう１度鳴らしたらやめてください。
④『ピクニック』という歌を聞きながら足踏みの練習をします。
（『ピクニック』の曲を流して、足踏みの見本を見せる、２分ほど練習）
１回目は『ピクニック』を１番だけ歌いましょう。足踏みはしません。
２回目は足踏みをしながら『ピクニック』を２番まで歌いましょう。

〈時 間〉　10分

〈解 答〉　省略

［2020年度出題］

学習のポイント

試験２日目に行われる男女共通の運動の課題です。男女共通の課題で、内容自体も以前よりかなり簡略化されています。その中の課題の１つに縄跳びがあります。縄跳びはうまく跳べたほうがよいでしょうが、それが合否に直結するものではありません。むしろ、この運動も行動観察の一環と考えて、指示を聞く、それに従って行動するという２点を守るようにお子さまには念押ししておきましょう。年齢相応の運動能力を見せることができれば問題ないはずです。なお、縄跳びの縄は、家庭から持ってくるようにと指示があったものの、試験ではそれを使わず、学校で用意したものを使ったそうです。課題の条件を公平にするという判断を直前にしたのかもしれません。

【おすすめ問題集】
新運動テスト問題集、Ｊｒ・ウォッチャー28「運動」

問題14　分野：行動観察

聞く　協調

〈準備〉　折り紙（適宜）、セロハンテープ、カゴ

〈問題〉　**この問題の絵はありません。**
（この問題は８人程度のグループで行う）
①今から玉入れをします。
②テープが引かれているところからカゴに向かってボールを投げてください。
③ボールは折り紙を丸めて、自分たちで作ってください。
※ボールを作る→投げるを数回繰り返す。
④カゴに入らなかったボールを片付けてください。

〈時間〉　適宜

〈解答〉　省略

［2020年度出題］

学習のポイント

グループの行動観察です。グループに対する課題は協調性を観点としたものになりがちですが、④以外は共同作業ではないのであまりその要素はうかがえません。競争することになるのでエキサイトしないこと、片付けの指示を忘れない、といったことができていれば問題ないでしょう。これは男子の課題です。女子は「紙飛行機とばし」でした。同じように「紙飛行機を作る→飛ばす」という課題ですが、こちらも共同作業の要素はあまりなく、指示もごく簡単なものです。２つの課題を見ると、積極性やリーダーシップのある志願者を見つけようというスタンスではなく、指示が理解できない、指示通りに行動できない志願者をチェックしているように思えます。必要以上に警戒する必要はありませんが、悪い意味で目立たないように、無理にアピールすることがないようにお子さまには伝えておきましょう。

【おすすめ問題集】
新運動テスト問題集、Ｊｒ・ウォッチャー29「行動観察」

問題15　分野：親子活動（行動観察）【女子】

聞く

〈準備〉　カゴ、スモック、折り紙（細長いもの、３cm×15cm、５本程度）、輪ゴム、リング（２個）、のり、ウエットティッシュ
※カゴにそれ以外のものをあらかじめ入れておく。

〈問題〉　**この問題は絵を参考にしてください。**
①スモックを着てください。
②（モニターに作業の手順が映し出される）お手本を見ながら、折り紙とリングと輪ゴムをつないでください。

〈時間〉　３分

〈解答〉　省略

［2020年度出題］

学習のポイント

女子の親子活動です。今回の課題では、親子活動と言っても、保護者の方が行うのは「応援」だけですから、どのような会話をふだんしているかといったことは評価されません。どのような教育をしているかも同様です。では何をチェックしているかというと、考えられるのは保護者の方が常識に欠ける言動・行動をしていないかです。だからと言って、大人しい振る舞いをして、無関心や注意散漫と見られ、熱心さに欠ける、あるいは愛情が乏しいと見られてもおもしろくありません。常識の範疇で声をかけたり、アドバイスをするようにしましょう。積極的に行動してよいのです。

【おすすめ問題集】

新口頭試問・個別テスト問題集、Ｊｒ・ウォッチャー29「行動観察」

問題16　分野：親子活動（行動観察）【男子】　聞く

〈準 備〉　カゴ、スモック、折り紙（８枚）、画用紙、プラスチックコップ（５個）、鉛筆（２本）、のり、ハサミ、ウエットティッシュ
※カゴにそれ以外のものをあらかじめ入れておく。
※志願者と保護者は同じ机に向かって座る。

〈問 題〉　**この問題は絵を参考にしてください。**
①志願者はスモックを着てください。
②（モニターに作業の手順が映し出される）お手本を見ながら、保護者の方といっしょにタワーを作ってください。時間まで、できるだけ高くしてください。

〈時 間〉　①適宜　②５分

〈解 答〉　省略

[2020年度出題]

学習のポイント

男子に出題された親子活動の課題です。女子とは違い、こちらは親子の意思疎通が観点です。こうした課題では姿勢を評価されるので、保護者の方がお子さまに意見・考えを押し付けるのではなく、お子さまが積極的に「～しよう」と発言し、保護者の方が適切なアドバイスをする、という形を目指してください。お子さまの積極性・能力と、保護者の方のお子さまへの理解の両方がアピールできるような立ち回りをしましょう。作業の内容自体はそれほど複雑なものではありません。保護者の方だけが作業をしているようなことにならないように気を付ければ、問題はないでしょう。競争ではないので、人並みにできれば結果も気にする必要はありません。

【おすすめ問題集】

新口頭試問・個別テスト問題集、Ｊｒ・ウォッチャー29「行動観察」

問題17　分野：保護者アンケート　集中

〈準備〉　筆記用具

〈問題〉　**この問題は保護者へのアンケートです。問題の絵はありません。**
（アンケート用紙はＡ４サイズで、志願者の考査中に実施される）
①本校のどのようなところに魅力を感じられましたか。
②入学後、交通機関でのマナーは保護者の方に指導していただきますが、現在はどのような指導をしていますか。また、入学後にどのような指導をしようと考えておられますか。
③保育園や幼稚園でどのようなＰＴＡ活動をされていますか。現在されていない方はどのような活動をしようと考えられていますか。
④今までにお子さまはお友だちとトラブルを起こしましたか。その時、どのように対処されましたか。トラブルがなかった場合は、トラブルになった時どのように対処するのかをお書きください。

〈時間〉　20分

〈解答〉　省略

［2020年度出題］

学習のポイント

保護者アンケートは、お子さまの考査中に20分で保護者が記入します（時間はタイマーで計測）。ボールペンでの記入ですから、慎重に時間いっぱい使って記入するようにしましょう。2019年度入試から始まったこのアンケートを、いわば「保護者の試験」と考えて、美麗で模範的な解答を書かなくてはいけないとお考えかもしれませんが、評価する学校側は質問内容を正しく汲み取れているか、常識的な内容を書けているか、といったごくあたりまえの見方で評価します。国立小学校の入試では、よほど学校の教育方針にそぐわないことを書かない限りは問題ありません。取り繕わずに率直な考えを記入しましょう。なお、次年度のアンケートも同じ質問をされるかどうかはわかりませんが、内容は面接でよく問われることと同じはずです。面接対策の一環として、質問の答えをまとめておけば慌てず記入ができるでしょう。

2019年度以前の過去問題

問題18　分野：言語（しりとり）

聞く　集中

〈準　備〉　鉛筆

〈問　題〉　マスの中にさまざまな絵があります。左上の矢印からしりとりで絵をつなげて、右の矢印まで行くように線を引いてください。縦と横にしか進めません。

〈時　間〉　２分

〈解　答〉　下図参照

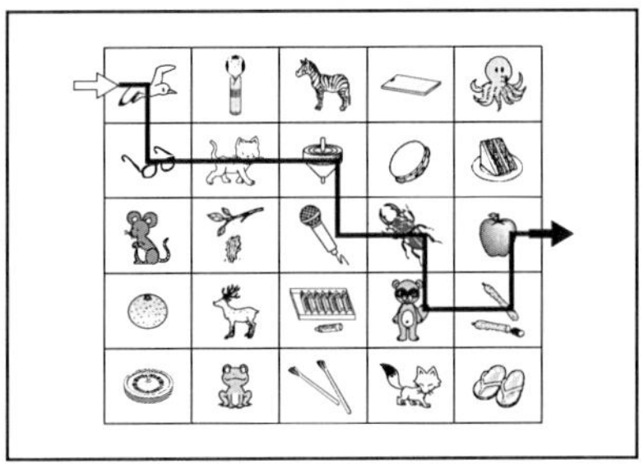

［2019年度出題］

学習のポイント

絵に描いてあるものは、志願者の年齢なら知っていておかしくないものです。もし、わからないものがあるようなら、覚えておきましょう。しりとりなどの言語分野の問題は、絵に描いてあるものが何かわからないと答えるのがかなり難しくなります。ですから対策としては、「語彙を豊かにしましょう」ということになるのですが、「その方法は」と言うと何がもっとも良いかはわかりにくいかもしれません。もちろん、生活で目にしたものの名称や用途、生き物ならその性質などをその都度把握しておくことがもっとも効率のよい対策の１つです。目にするものによる偏りが出てはいけないので、言語分野の問題集などで試験に出る言葉も拾っておきましょう。すぐに語彙を豊かしたいのなら、しりとりのほかに同頭音探し（名前の最初が同じ音で始まる言葉）や同尾音探し（語尾が同じ音で終わる言葉）といった言葉遊びもおすすめです。保護者の方は、お子さまに付き合うだけでなく、試験に出そうな言葉を言う・言わせるといった工夫をしてください。

【おすすめ問題集】

Ｊｒ・ウォッチャー17「言葉の音遊び」、18「いろいろな言葉」、49「しりとり」
60「言葉の音（おん）」

問題19　分野：制作（塗り絵・指示画）

観察　創造

〈準備〉　丸シール（黄色・赤色、各12枚）、クレヨン
※シールはあらかじめ、渡しておく。

〈問題〉　（問題19のイラストを渡して）
①シールを使って、花に色を付けてください。
②花の周りに絵を描いてください。

〈時間〉　適宜

〈解答〉　省略

［2019年度出題］

学習のポイント

男子に出題された制作の問題です。当校の制作問題は、基本の作業である「切る・貼る・塗る」が課題となっていることが多く、特別な対策をする必要はないでしょう。この課題でも、丸シールを使って着色するので、出来上がりに差は付きません。つまり、一通りの作業が人並みの速さでできれば問題はないということになります。こういった課題での観点は、指示を理解し、実行しているかです。というのは、国立小学校の入試は「検査」あるいは「考査」と呼ばれていることからもわるように、すぐれた資質を見出すというよりは、協調性やコミュニケーション能力に欠ける志願者をチェックすることが目的だからです。保護者の方が指導する時は、お子さまに基本的な作業のコツや手順を説明するのもよいですが、まず、指示を聞き、理解し、指示の通りに行うということの大切さを教えるようにしてください。

【おすすめ問題集】
実践 ゆびさきトレーニング①②③、
Ｊｒ・ウォッチャー22「想像画」、23「切る・貼る・塗る」

問題20　分野：行動観察

聞く

〈準備〉　けん玉、だるま落とし、輪投げ、ブロック、指人形、ぬいぐるみ（適宜）
※あらかじめ、問題20の絵を参考にして遊具を準備する。
※この問題は20人程度のグループで行う。
※観察前に教室の外の指定の場所で待機する。

〈問題〉　この問題は絵を参考にしてください。
ここにあるものを使ってお友だちと仲良く遊んでください。ただし、1つの遊び道具で一緒に遊べるのは4人までです。私が「はい、終わりです」と言ったら、遊びをやめてください。
（20分後）
はい、終わりです。後片付けをしましょう。

〈時間〉　20分

〈解答〉　省略

［2019年度出題］

学習のポイント

「自由遊び」には、特に「このように行動しなければならない」という基準はありません。目的は、「はっきりした課題のない状況で、子どものふだんの様子をうかがおう」ということですから、「他人とうまくコミュニケーションがとれない」「年齢相応の元気さがない」「トラブルを起こす」といったあからさまなマイナス以外は、特に問題にならないでしょう。しかし、お子さまに「試験だからうまくやりなさい」と言っても簡単に行かないのが、こういった課題の難しさでもあります。ふだんのくらしの中で、自然に他人に配慮をするような情操を保護者の方が見本として見せることで、お子さまもそういった行動や判断ができるようになることを期待しましょう。お友だちとのコミュニケーションは、日常の生活で身に付いているかもしれませんが、心配ならば保護者の方が、念のためお子さまのふだんの遊びの様子を観察してください。お子さまの情操面の発達程度がわかるかもしれません。

【おすすめ問題集】
新口頭試問・個別テスト問題集、Ｊｒ・ウォッチャー29「行動観察」

問題21　分野：図形（対称図形・鏡図形）　観察　考え

〈準備〉　鉛筆

〈問題〉　左上の絵を見てください。左側の形を左右反対にすると、右側の形のようになります。では、ほかの絵も同じように、左側の形を左右反対にした形を、右側に書いてください。

〈時間〉　２分

〈解答〉　下図参照

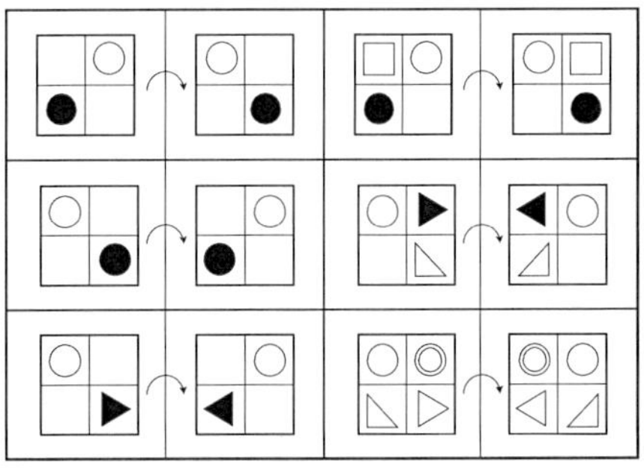

［2019年度出題］

学習のポイント

図形分野の課題への対策の基本は、それぞれの問題の考え方を理解した上で類題演習を繰り返すことです。ただし、そこで解き方のテクニックやハウツーではなく、図形というものの性質やそれぞれの特徴を理解しておかないと、将来につながる学習になりません。例えばこの問題では、「見本の形を紙の裏側から見れば、そのまま解答になる」というハウツーがありますが、それだけを教えてもお子さまのためにはならない、ということです。用語を教える必要はありませんが、図形の位置が反転する線で左右対称になること、非対称の形は形の向きが反転するといったことを感覚的に理解させる必要があります。小学校入試ではこうした図形問題の出題がここ数年で以前より増えています。年齢相応のものでかまいませんが、そうした図形や位置についての感覚を持っていないと、入学してからの学習に差し支えがあるということでしょう。

【おすすめ問題集】

Ｊｒ・ウォッチャー８「対称」・48「鏡図形」

問題22　分野：記憶（お話の記憶）

聞く　集中

〈準備〉　鉛筆（赤・青）

〈問題〉　これからお話をしますから、よく聞いて後の質問に答えてください。

リスくんは、ネズミくん、ウサギさん、キツネくんと公園に遊びに行きました。公園の入り口にはたくさんのアジサイがきれいに咲いていました。キツネくんはブランコが大好きなので、ウサギさんを誘ってブランコを漕いでいます。リスくんとネズミくんはキャッチボールをしています。すると、急に風が吹いて、２人がキャチボールをしていたボールが草むらに入って見えなくなってしまいました。２人でボールを探していると、ブランコをやめたウサギさんとキツネさんがやってきて、一緒にボールを探してくれました。それでもボールはなかなか見つかりません。４人はしばらく草むらを探しましたが、あきらめて泥団子を作ることにしました。キツネくんは２つ、リスくんは大きな泥団子を１つ、ネズミくんは小さな泥団子を４つ作りました。ウサギさんは「手が汚れるから、いや」と言って、みんなが泥団子を作る間すべり台で遊んでいました。３人が作った泥団子を並べて眺めていると、すべり台の上に登ったウサギさんが「あれはボールじゃない？」と言って、公園の木の方を指さしました。リスくんがそちらの方を見ると、木の上の方の枝にボールが挟まっているのが見えます。「僕は木登りが得意だから、取ってくるよ」リスくんはそう言うと、あっという間に木に登ってボールを取りました。戻ってきたリスくんは、ネズミくんに「ボールが見つかったから、もう１回キャッチボールをやろうよ」と言いましたが、ネズミくんは「もう１個、泥団子を作ってからね」と言って、泥団子を作り始めました。どうやら、大きな泥団子を作りたくなったようです。リスくんはネズミくんが泥団子を作っている間、すべり台で遊んでいました。ネズミくんは自分の体と同じぐらいの大きさの泥団子を作ると、「すごいのができたよ」とほかの３人に泥団子を見せました。

（問題22の絵を渡して）

①キツネくんが好きな公園の乗り物に、○を赤鉛筆でつけてください。
②このお話の季節と同じ季節に咲く花に、○を赤鉛筆でつけてください。
③みんなは泥団子をいくつ作りましたか。その数だけ、四角に描いてある○を青鉛筆で囲んでください。

〈時間〉　各30秒

〈解答〉　①ブランコ　②ヒマワリ　③○：８

［2019年度出題］

学習のポイント

当校のお話の記憶は従来よりお話が短くなり設問数も減りました。「『誰が』『何を』『～した』といったポイントをおさえる」「お話の場面を想像しながら聞く」といったお話を聞く上での基本が守れていれば、スムーズに答えられるのではないでしょうか。ただし、②の季節の問題や③のように数をたずねるなど、直接お話で触れられていないことについては、ポイントを押さえるだけではなく、ある程度予測を働かせていないと答えるのが難しくなります。特に、②の「お話の季節」を聞く問題は当校でよく出ますから、お話に季節の行事や折々の花や作物・果実が登場したら、「スイカを食べるから夏の話」「豆まきをしているから冬のお話」といった連想が働くようにしておきましょう。混乱せず回答することができます。

【おすすめ問題集】

１話５分の読み聞かせお話集①・②、１話７分の読み聞かせお話集 入試実践編①
お話の記憶 初級編・中級編・上級編
Ｊｒ・ウォッチャー19「お話の記憶」、34「季節」

問題23　分野：複合（言語・記憶・数量）

知識　語彙

〈準 備〉　鉛筆

〈問 題〉　**問題23-１の絵は縦にして使用してください。**
太郎くんが教室でしりとり遊びをしています。どの絵から始めればよいのかわからなくて困っていると、花子さんがやってきて「太郎くんが好きな『折り紙』から始めればいいじゃない」と教えてくれました。
（問題23-１の絵を渡して）
①しりとりができるだけ長くつながるように「折り紙」から始めて、絵に描いてあるものを鉛筆の線で結んでください。
（問題23-１の絵を伏せ、問題23-２の絵を渡して）
②しりとりをした絵に折り紙は何枚ありましたか。その数と同じ数の積み木が積んである絵を選んで○をつけてください。

〈時 間〉　①３分　②30秒

〈解答例〉　①下図参照　※どちらの折り紙から始めてもよい　②左から２番目（４つ）

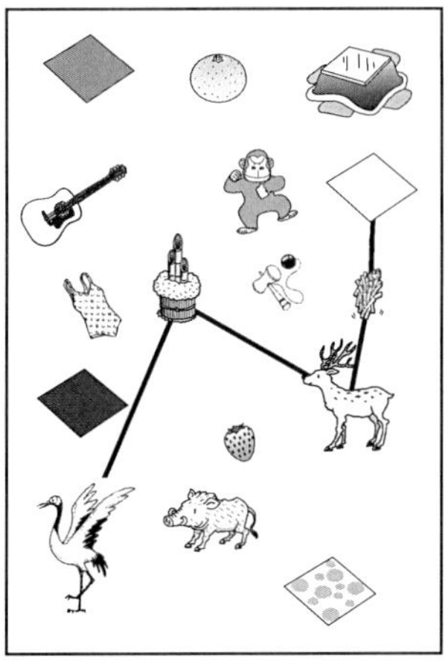

［2019年度出題］

学習のポイント

「しりとり」「見る記憶」「積み木の数」と３つの要素が入った複合問題です。このなかでは、「しりとり」がかなり難しい問題です。ランダムに配置された絵をしりとりでつなぐということになると、最初の段階では選択肢の数がかなり多くなること、また、「できるだけ長く」という条件があるので、答えを最後まで考えてからでないと記入できないからです。こういった問題だと、絵が何を表しているかを推測している時間はありません。つまり、語彙が豊富でないと時間内に答えることが難しくなり、結局解答の精度も落ちて満足に答えられないということになります。日常生活で目にするもの、それに加えて試験によく出る動植物などは、絵を見てそれが何かわかるようにしておく必要があるでしょう。「見る記憶」「積み木の数」については、複合問題でなければすぐに答えられる程度の内容です。考えさせるものではなく、注意力を試されていると考えてください。なお、①の問題で絵には４枚の折り紙が描いてありますが、どの折り紙からしりとりを始めても正解です。

【おすすめ問題集】

Ｊｒ・ウオッチャー16「積み木」、17「言葉の音遊び」、
20「見る記憶・聴く記憶」、49「しりとり」

問題24　分野：制作（指示画）

観察　創造

〈準　備〉　丸シール（黄色・赤色・青色、各12枚）、クレヨン
※シールはあらかじめ、志願者に渡しておく。

〈問　題〉　（問題24のイラストを渡して）
①シールを使って、花火に色を付けてください。。
②花火の周りに絵を描いてください。

〈時　間〉　適宜

〈解　答〉　省略

［2019年度出題］

学習のポイント

女子に出題された制作の問題です。シールの枚数が増えているなど、男子より少しく難しくなっていますが、内容に基本作業しかない点は同じですから、特別な対策をする必要はありません。「極端に作業が遅い」「指示が理解できていない」といったことで、悪目立ちしなければそれでよいでしょう。②で「花火の周りに絵を描く」という指示がありますが、ここでも特別な絵を描こうなどと思わず、花火の上がっている夜空を表現できていれば悪い評価はされません。そういった考え方をするなら、この問題は行動観察の問題と考えたほうが良いかもしれません。目立つように、ほかの志願者とは違う絵を描こうなどと考えていると、かえって良くない結果を招くものです。

【おすすめ問題集】

実践 ゆびさきトレーニング①②③、
Ｊｒ・ウォッチャー22「想像画」、23「切る・貼る・塗る」

問題25　分野：図形（点対称）

観察　考え

〈準備〉　クーピーペン（黒）

〈問題〉　左上の絵を見てください。左側の形を左右反対にすると、右側の形のようになります。では、ほかの絵も同じように、左側の形を左右反対にした形を、右側に書いてください。

〈時間〉　３分

〈解答〉　下図参照

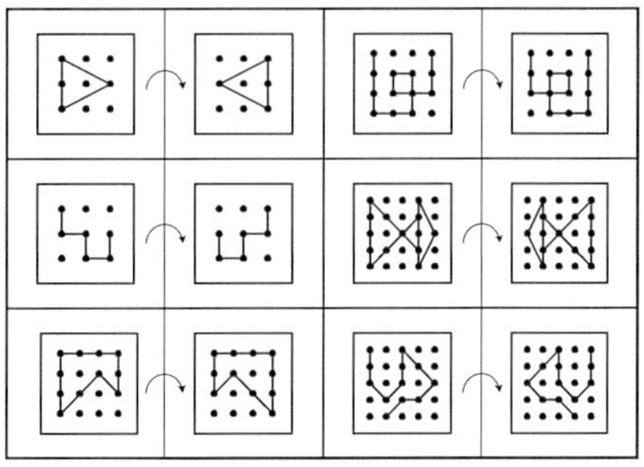

［2019年度出題］

学習のポイント

小学校受験の図形問題は、１つひとつの作業を速く正確に行なわないと、とりあえずすべての問題に答えを書き込むことさえできません。ここでは、対称（鏡図形）の問題だということが、例題を示された時点で理解できていないと、余裕を持って答えることはできないでしょう。しかし、１つひとつの点や線を右往左往しながら書き写すのでなく、基準の転をはっきりと決めてから作業を行ってください。もちろん、そうするためには四角形や三角形などの図形の性質、反転や回転をした時にどのようになるかといった知識も必要です。そうした知識のことを小学校受験では、「図形に対するセンス」とよく表現します。難しく聞こえますが、パズルのように具体的なものを扱えば自然に身に付く知識です。小学校に入ってからの学習では必ず必要になるものですから、ぜひ、この段階で学んでおきましょう。

【おすすめ問題集】

Ｊｒ・ウォッチャー１「点・線図形」、８「対称」、48「鏡図形」

問題26　分野：行動観察（音楽リズム）（男女共通）

聞く　協調

〈準備〉　『わくわくどきどきジャンケンポイ』の歌が入った音源と再生機器

〈問題〉　**この問題の絵はありません。**

（この問題は８人程度のグループで行う）

①これから歌を流します。良く聞いて練習しましょう（『わくわくどきどきジャンケンポイ』の曲を流す。その後、テープに合わせて通しで歌う）。

②次は自分で踊りを考えて、曲に合わせて踊ってください（『わくわくどきどきジャンケンポイ』の曲を流す）。

③次は曲の最後にジャンケンをしましょう。先生は「パー」を出すのでみんなは先生に勝つようにジャンケンをしてください（『わくわくどきどきジャンケンポイ』の曲を流し、テスターが最後にジャンケンをする）。

※③は指示を「先生はチョキを出すのでみんなは負けてください」といった形に変え、数回繰り返す。

〈時間〉　適宜

〈解答〉　省略

［2019年度出題］

学習のポイント

グループの行動観察です。グループに対する課題は協調性を観点としたものになりがちですが、ここでは歌やリズム感などをテーマとした「楽しめる」課題になっています。指示を聞き、それに従うことができれば、後は難しいことを考えなくてよいのではないでしょうか。こうしなければならないというものはありません。音楽に合わせて踊ったり、リズムに合わせて動く練習は、事前にご家庭で実際に音楽を流したり、映像メディアなどの動きを真似してみる程度で十分です。その年頃なりの動きができれば問題ないでしょう。テスト対策で「お勉強」ばかりしていると、お子さまも飽きてしまいます。机上の学習の気分転換として練習してください。

【おすすめ問題集】

新口頭試問・個別テスト問題集、Ｊｒ・ウォッチャー29「行動観察」

問題27　分野：親子活動（行動観察）【男子】　聞く

〈準備〉　コイン（２枚）、折り紙（５枚）、ハサミ、カゴ
※①を行う前に、問題27－１、27－２の絵を、線に沿って切り離し、カードにしておく。
※27－１を切り分けたカードを保護者に、27－２を切り分けたカードを志願者に渡しておく。
※②を行う前に、折り紙、ハサミ、セロハンテープの入ったカゴを志願者に渡しておく。

〈問題〉　①カードを裏返してください。（志願者に）好きな遊びのカードを１枚選んで、裏返しのままで待っていてください。（保護者に）お子さまが遊びたいと思っていると考えるカード１枚選んでください。（２人に）それではカードを表にしてください（カードが一致した時はコインを志願者に１枚渡す。その後、『お子さまが今食べたいと思っている料理のカードを選ぶ』というテーマで同様のゲームを行う）。
②折り紙をこのように切って（折り紙を渦巻き状に切って『輪』になるように切る）、保護者の方の首に掛けてください。「始め」と言ったら始めて、「終わり」と言ったら止めてください。

〈時間〉　①適宜　②５分

〈解答〉　省略

［2019年度出題］

学習のポイント

男子に出題された親子活動の課題です。この課題は、親子の意思疎通を観点としたものと見てよいでしょう。結果よりも親子で会話をして、共通の目標を達成しようとする姿勢を評価されるのです。保護者の方がお子さまに意見・考えを押し付けるのではなく、お子さまが積極的に「～しよう」と発言し、保護者の方が適切なアドバイスをする、という形が理想的でしょう。お子さまの積極性・能力と、保護者の方のお子さまへの理解の両方がアピールできるよう、どのような立ち回りがよいかを一度考えてみてください。①でカードが一致していなくても、②で「輪」の出来映えが素晴らしいものでなくても、その過程が問題を感じさせるものでなければ大丈夫です。保護者の方も結果に左右されることなく、お子さまを見守ってください。

【おすすめ問題集】
新口頭試問・個別テスト問題集、Ｊｒ・ウォッチャー29「行動観察」

問題28　分野：親子活動（行動観察）【女子】

聞く

〈準備〉　棒（長さ７～８cm、４本）、リボン（長さ30cm）、ハサミ、カゴ、
積み木（４cm角もの、10cm）
※①を行う前に、棒、リボン、ハサミの入ったカゴを志願者に渡しておく。

〈問題〉　**この問題の絵はありません。**
①カゴの中から、棒とリボンを取り出してください。次に、すべての棒をリボンを使って、ちょうちょ結びで結んでください。リボンの端は斜めにハサミで切ってください。やり方がよくわからない時は保護者の方にやり方を聞きましょう。
②積み木をできるだけ高く積み上げてください。子どもから始めて、交互に１つずつ積み木を置いてください。制限時間は１分間です。

〈時間〉　①適宜　②１分

〈解答〉　省略

［2019年度出題］

学習のポイント

女子に出題された親子活動の課題です。観点は親子の意思疎通ですから、説明を理解した上でコミュニケーションに問題がないことを示せればよい、ということになります。女子への課題なので男子への課題よりは難しくなっていますが、巧緻性（手先の器用さ）や思考力など、求められる能力は標準的なもので、特に対策が必要というものではありません。一度やってみれば十分でしょう。ただし、①の「よくわからない時は～」という言葉には要注意です。学校はお子さまが保護者の方とどのような会話をするかを見たいのでこうした条件を立てています。お子さまが指示を理解してそのまま作業を終えてしまうとこの条件が無駄になります。その結果を見て「能力はあるが、親子の会話がない」などと思われてはよくありません。それを避けるために、こうした課題では保護者の方から積極的にお子さまに声をかけるようにしてください。

【おすすめ問題集】
新口頭試問・個別テスト問題集、Ｊｒ・ウォッチャー29「行動観察」

問題29　分野：話の聞き取り

観察　考え

〈準備〉　鉛筆

〈問題〉　これからお話をします。当てはまる絵に○をつけてください。
①黒いスカートを履いて、頭にリボンをつけた女の子はどれですか。
②右手を上げて、長靴を履いている女の子はどれですか。
③縞模様のシャツを着て、虫取り網を持っている男の子はどれですか。

〈時間〉　各10秒

〈解答〉　①右端　②左から２番目　③左端

［2018年度出題］

学習のポイント

お話の記憶の問題と似ていますが、短い説明文を聞いて、その内容に当てはまる絵を見つける問題です。求められるのは、正確に聞き取る力です。例えば①は、「黒いスカートを履いて」と「リボンを付けている」という２つの条件を正確に把握していないと答えることができません。お話の記憶の問題と同じように色や大きさといったそのものの特徴に注意しながら、話を聞くようにしましょう。短い文章ですから、集中していれば聞き逃すことはないはずです。また、読み聞かせを習慣にすれば、お話の場面をイメージすることが増え、自然と登場人物の特徴を整理しながら覚えられるようになります。こうした問題でも、イメージしながら聞くということが最初からできるので、判断もすぐにできるのでしょう。

【おすすめ問題集】

１話５分の読み聞かせお話集①②、１話７分の読み聞かせお話集入試実践編①、お話の記憶 初級編・中級編・上級編、Ｊｒ・ウォッチャー19「お話の記憶」20「見る記憶・聴く記憶」

問題30　分野：点・線図形（模写）　集中

〈準 備〉　鉛筆

〈問 題〉　左の見本と同じになるように、右側に線を書いてください。

〈時 間〉　１分30秒

〈解 答〉　省略

［2018年度出題］

学習のポイント

点線図形の問題は、①始点と終点を確認すること②通る点（座標）の位置を確認すること③筆記用具を正しく使う、といったことに気を付ければ特に難しいものではありません。③も書く様子を観察されているわけではないので、書いたものが「筆記用具を扱えていないのではないか」と疑われるようなものでなければよいのです。注意したいのは、ケアレスミスをしないことです。こうした課題ではほとんどの志願者がミスをしないので、うっかりでも勘違いでもミスをすれば、合否に関係してきます。特に当校の入試は「考える問題」が多く、こうした素直に答えればよい問題はある意味貴重とも言えます。とりこぼさないように準備をしておきましょう。

【おすすめ問題集】

Ｊｒ・ウォッチャー１「点・線図形」、51「運筆①」、52「運筆②」

大阪教育大学附属天王寺小学校　専用注文書

年　　月　　日

合格のための問題集ベスト・セレクション

＊入試頻出分野ベスト３

1st　お話の記憶

集中力　聞く力

2nd　図　形

思考力　観察力

3rd　行動観察

聞く力　話す力　思考力

分野は広く、基礎から応用まで思考力を問う試験です。「親子活動」「保護者作文」も導入されています。お子さまの学力だけなく、保護者も試される試験になったと言えるでしょう。

分野	書　名	価格(税抜)	注文	分野	書　名	価格(税抜)	注文
図形	Ｊｒ・ウォッチャー 1「点・線図形」	1,500 円	冊	推理	Ｊｒ・ウォッチャー 31「推理思考」	1,500 円	冊
図形	Ｊｒ・ウォッチャー 6「系列」	1,500 円	冊	常識	Ｊｒ・ウォッチャー 34「季節」	1,500 円	冊
常識	Ｊｒ・ウォッチャー 11「いろいろな仲間」	1,500 円	冊	図形	Ｊｒ・ウォッチャー 48「鏡図形」	1,500 円	冊
数量	Ｊｒ・ウォッチャー 14「数える」	1,500 円	冊	数量	Ｊｒ・ウォッチャー 37「選んで数える」	1,500 円	冊
推理	Ｊｒ・ウォッチャー 15「比較」	1,500 円	冊	言語	Ｊｒ・ウォッチャー 49「しりとり」	1,500 円	冊
言語	Ｊｒ・ウォッチャー 17「言葉の音遊び」	1,500 円	冊	巧緻性	Ｊｒ・ウォッチャー 51「運筆①」	1,500 円	冊
言語	Ｊｒ・ウォッチャー 18「いろいろな言葉」	1,500 円	冊	巧緻性	Ｊｒ・ウォッチャー 52「運筆②」	1,500 円	冊
記憶	Ｊｒ・ウォッチャー 19「お話の記憶」	1,500 円	冊	常識	Ｊｒ・ウォッチャー 55「理科②」	1,500 円	冊
記憶	Ｊｒ・ウォッチャー 20「見る記憶・聴く記憶」	1,500 円	冊	推理	Ｊｒ・ウォッチャー 58「比較②」	1,500 円	冊
巧緻性	Ｊｒ・ウォッチャー 22「想像画」	1,500 円	冊	言語	Ｊｒ・ウォッチャー 60「言葉の音（おん）」	1,500 円	冊
巧緻性	Ｊｒ・ウォッチャー 23「切る・貼る・塗る」	1,500 円	冊		新 願書・アンケート・作文文例集 500	2,600 円	冊
常識	Ｊｒ・ウォッチャー 27「理科」	1,500 円	冊		1話5分の読み聞かせお話集①②	1,800 円	各　冊
運動	Ｊｒ・ウォッチャー 28「運動」	1,500 円	冊		新 個別テスト・口頭試問問題集	2,500 円	冊
行動観察	Ｊｒ・ウォッチャー 29「行動観察」	1,500 円	冊		新 運動テスト問題集	2,200 円	冊

合計	冊	円

（フリガナ） 氏　名	電　話 ＦＡＸ E-mail
住 所　〒　　　　－	以前にご注文されたことはございますか。 有　・　無

★お近くの書店、または記載の電話・FAX・ホームページにてご注文をお受けしております。
電話：03-5261-8951　FAX：03-5261-8953　代金は書籍合計金額＋送料がかかります。
※なお、落丁・乱丁以外の理由による商品の返品・交換には応じかねます。
★ご記入頂いた個人に関する情報は、当社にて厳重に管理致します。なお、ご購入の商品発送の他に、当社発行の書籍案内、書籍に関する調査に使用させて頂く場合がございますので、予めご了承ください。

日本学習図書株式会社
http://www.nichigaku.jp

問題1

①

②

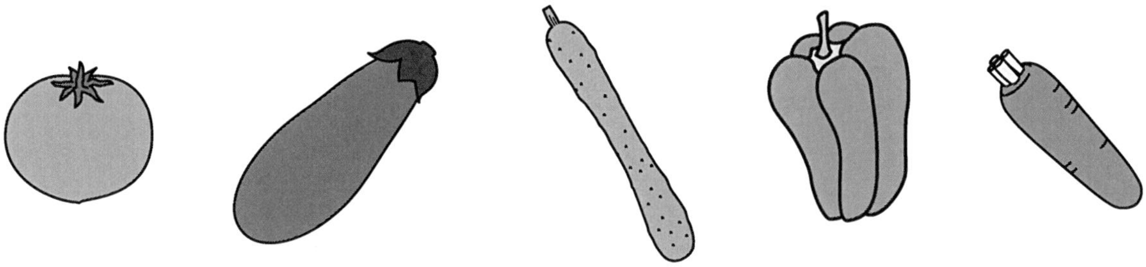

③

④

日本学習図書株式会社

問題2

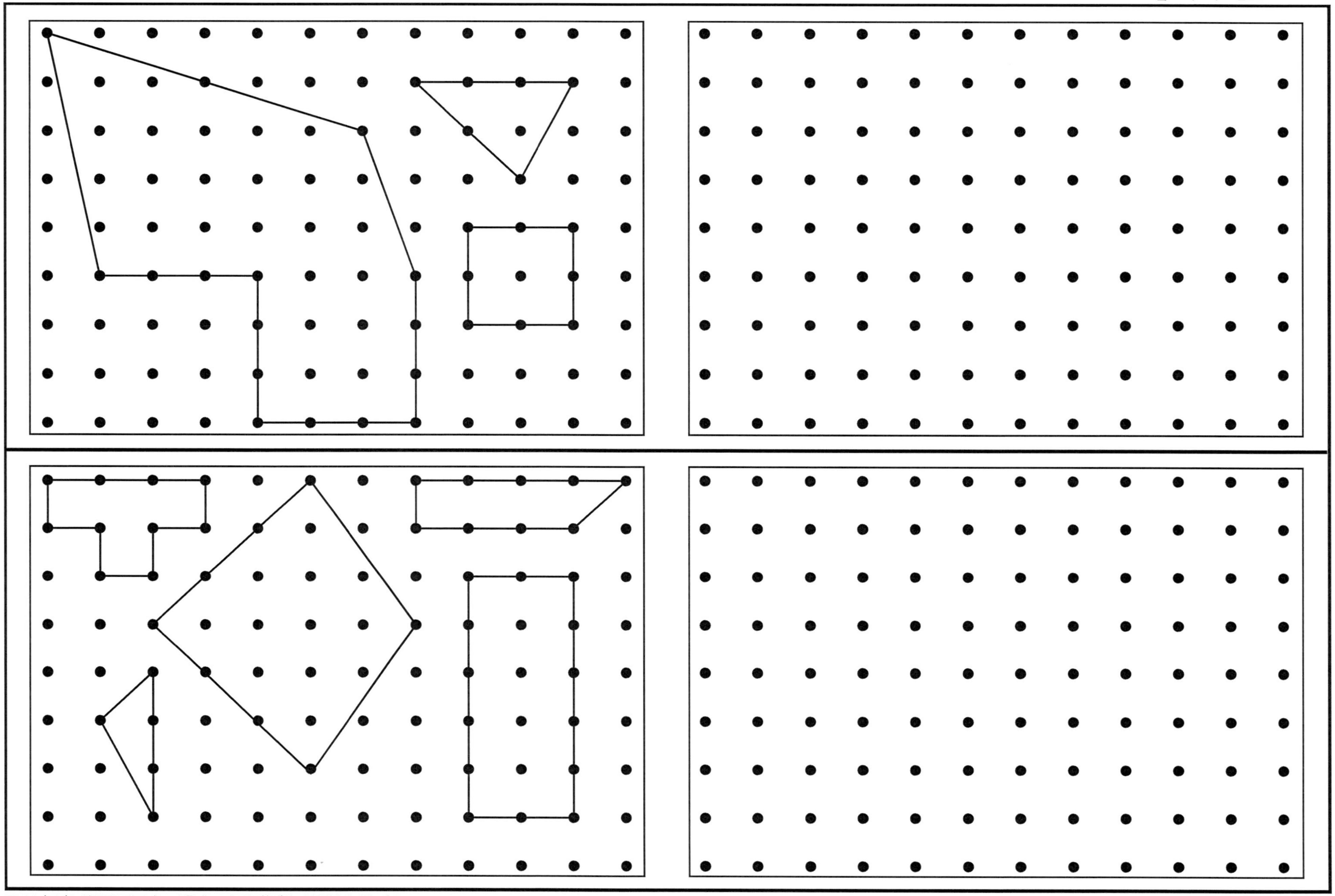

問題3

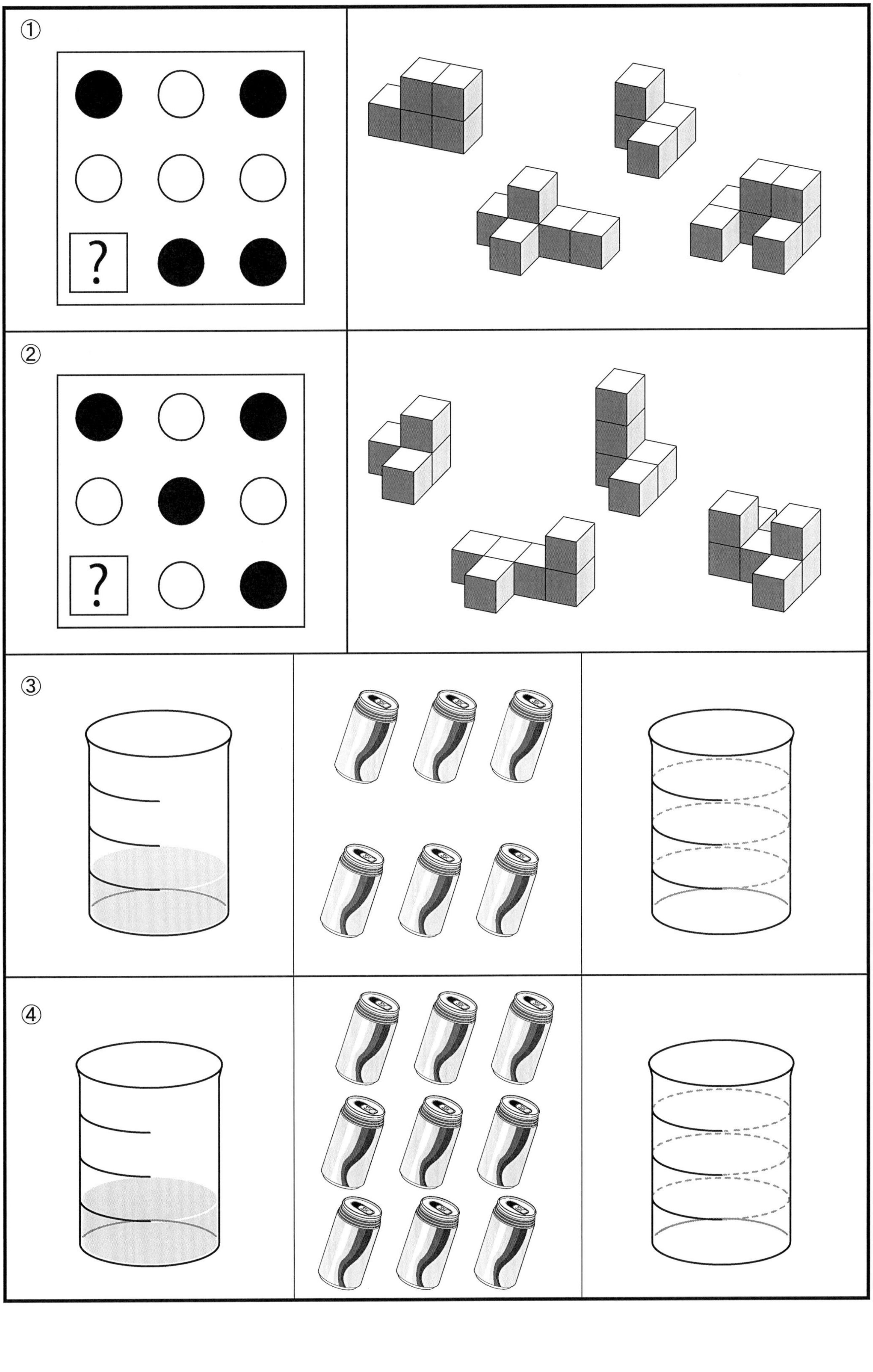

問題 4

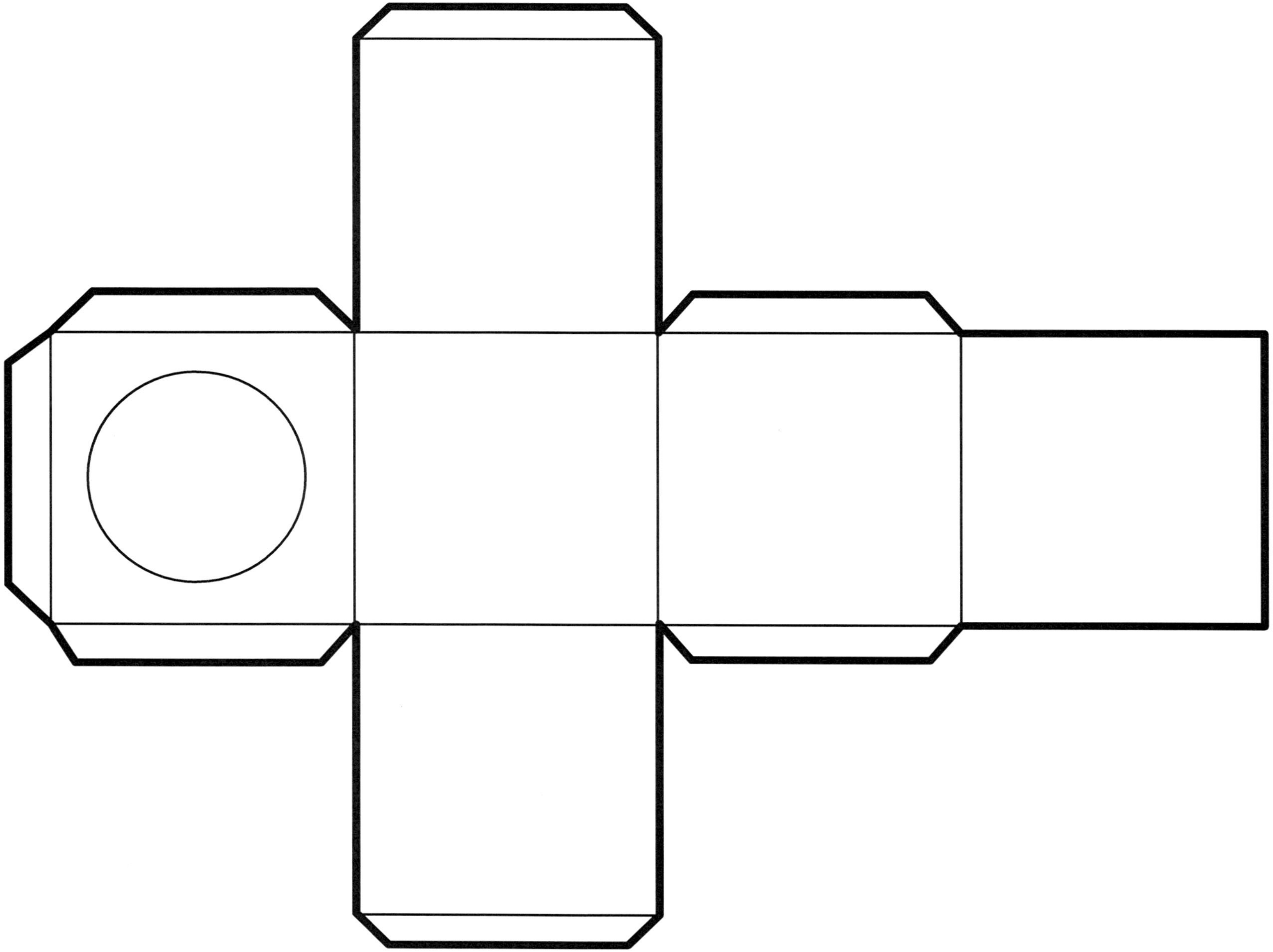

日本学習図書株式会社

2021 年度 附属天王寺 過去 無断複製／転載を禁ずる

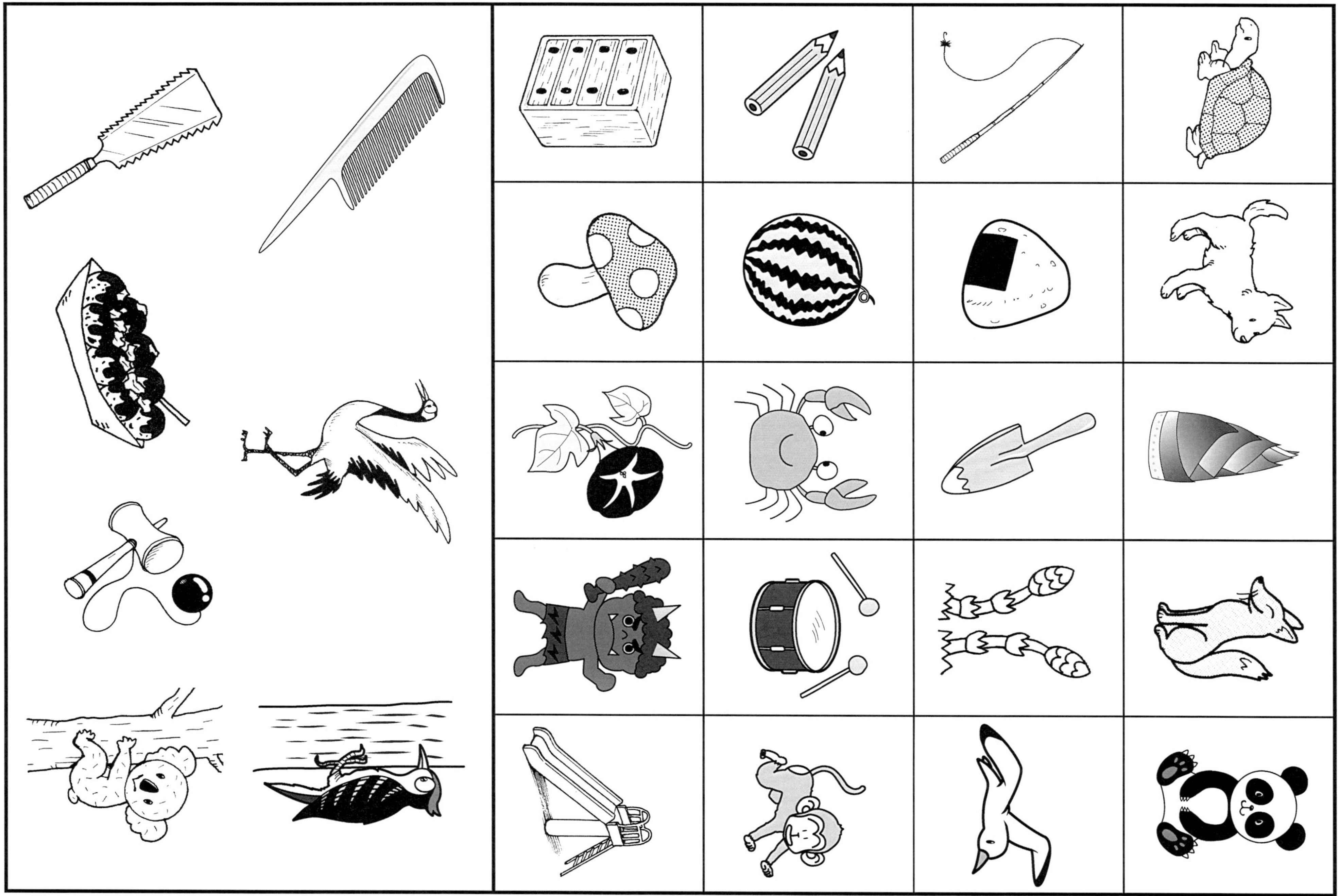

①

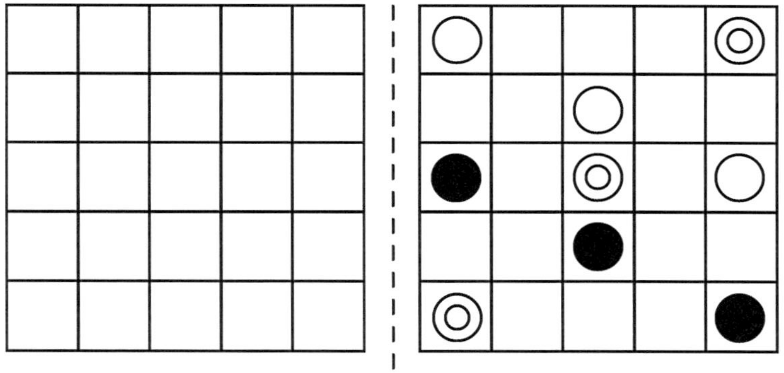

②

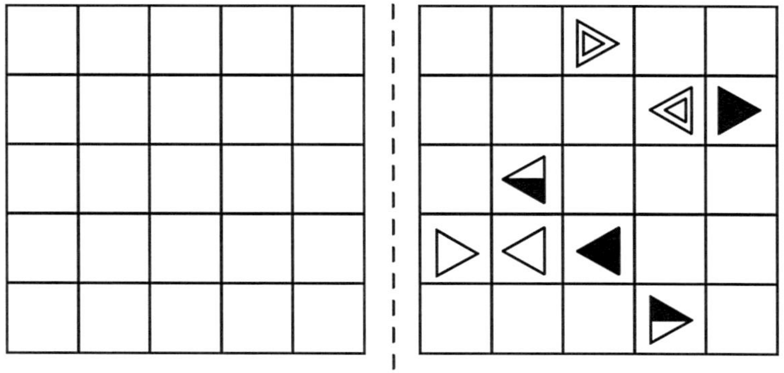

③

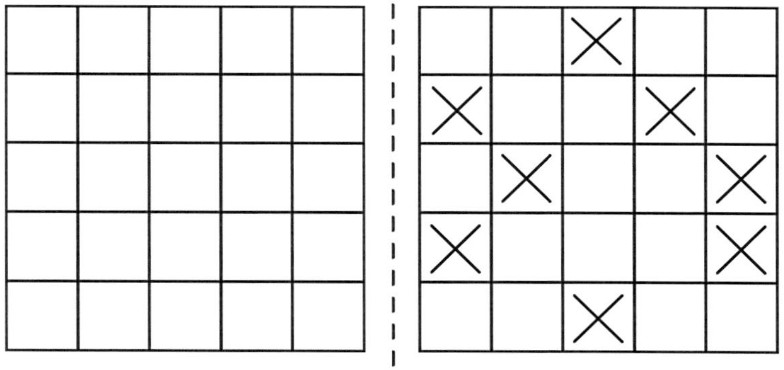

④

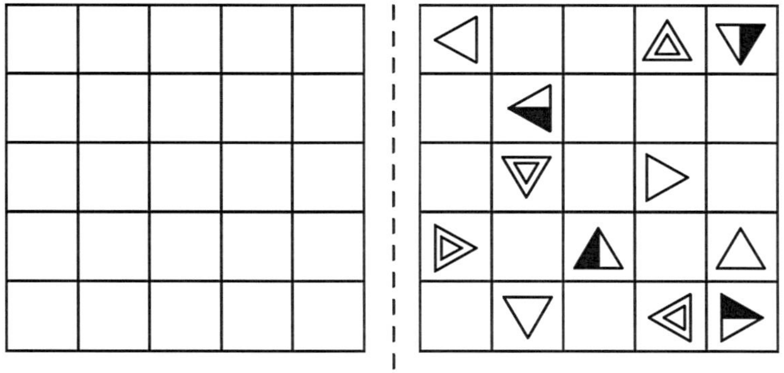

⑤

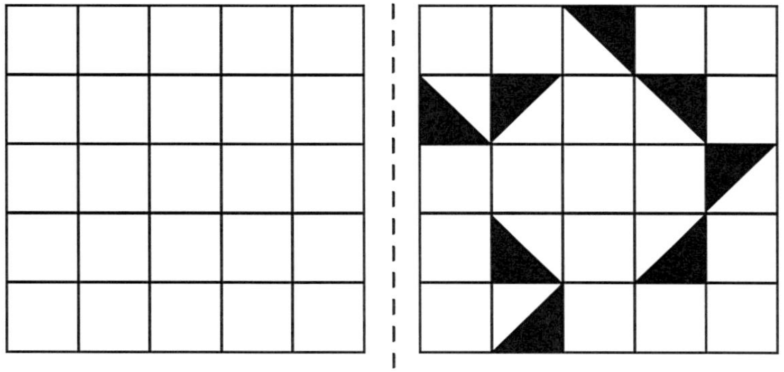

⑥

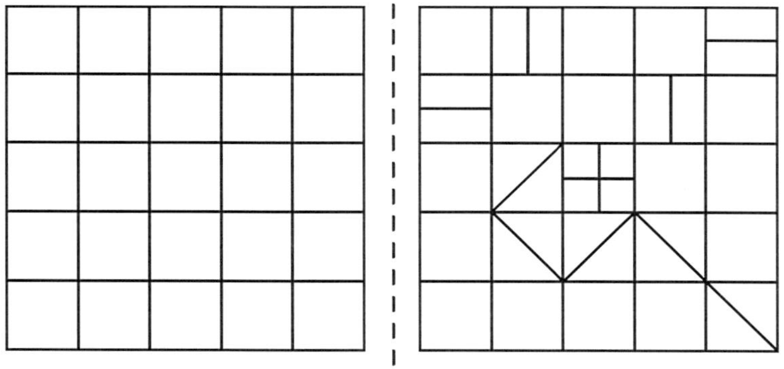

問題7

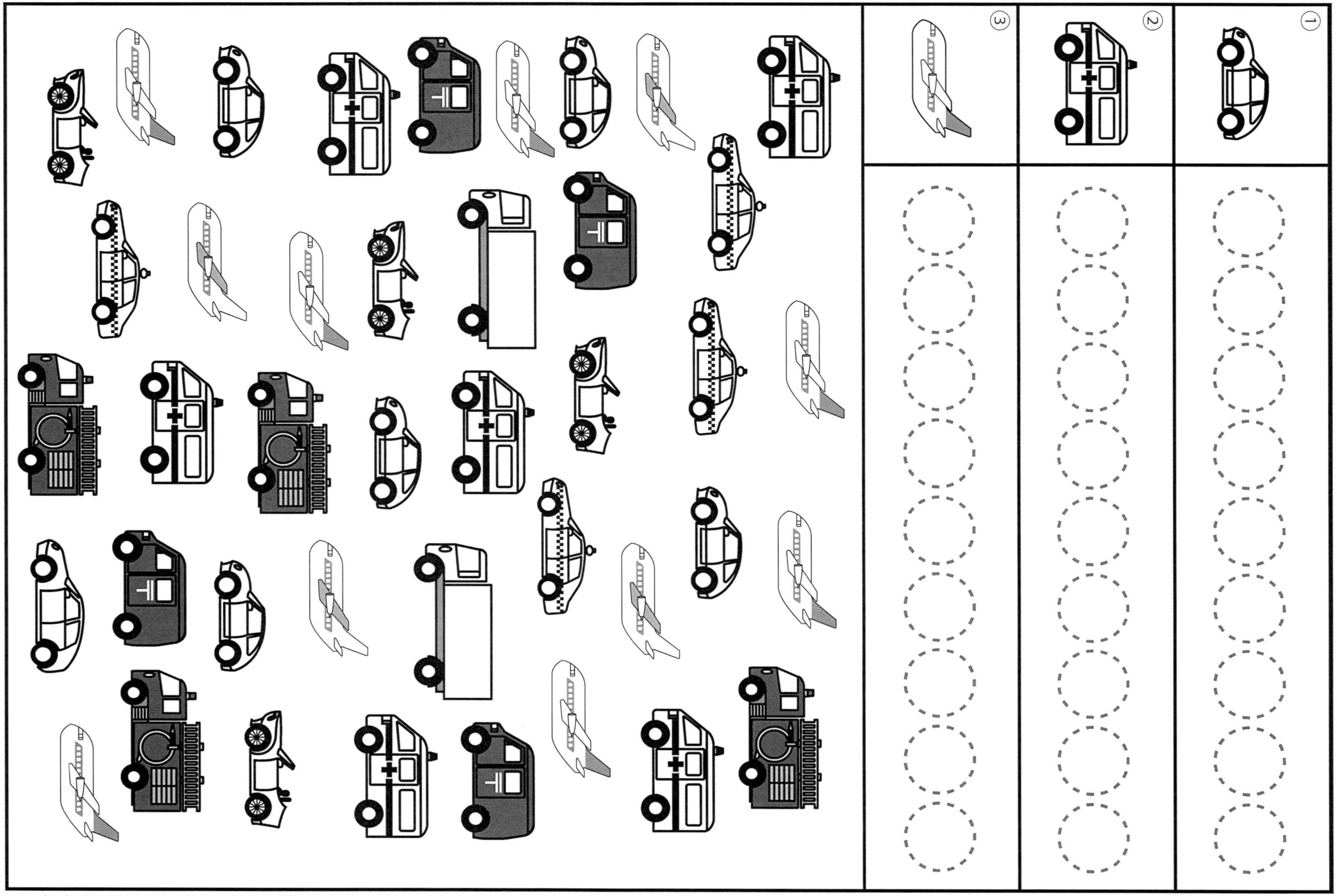

問題8

①

②

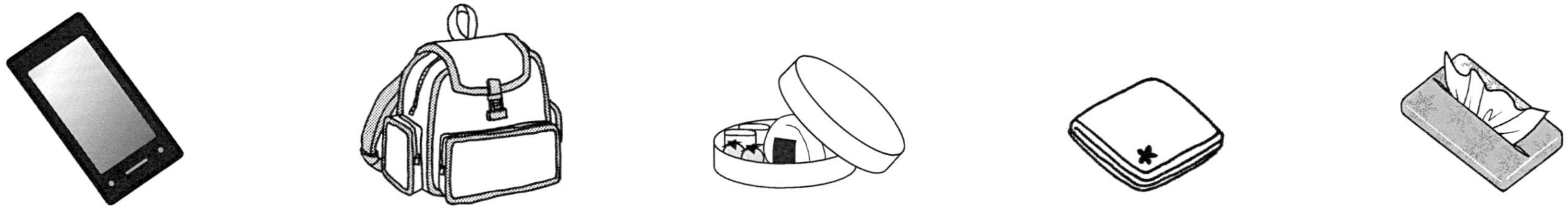

③

④

問題9

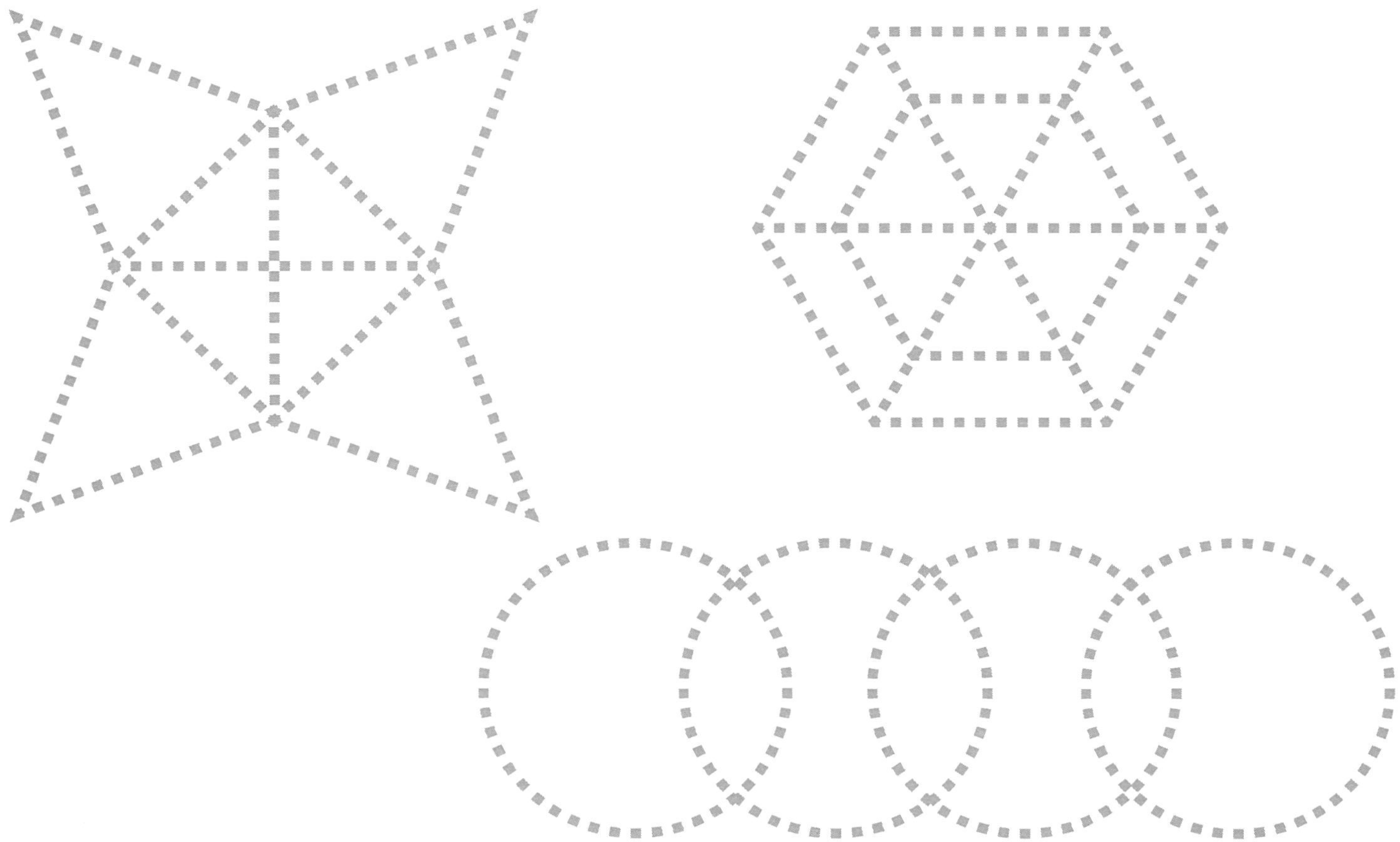

日本学習図書株式会社

2021 年度 附属天王寺 過去 無断複製／転載を禁ずる

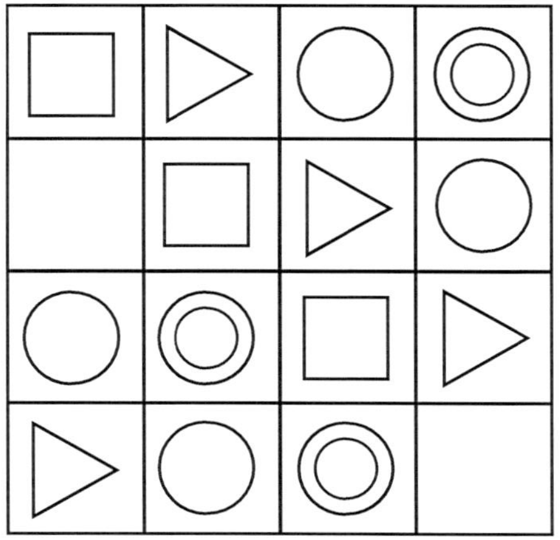

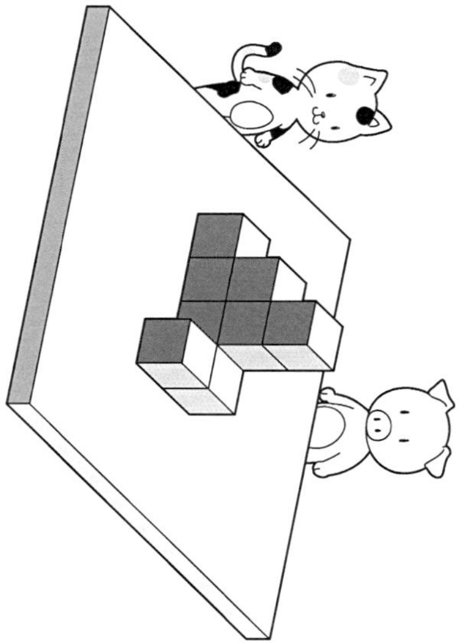

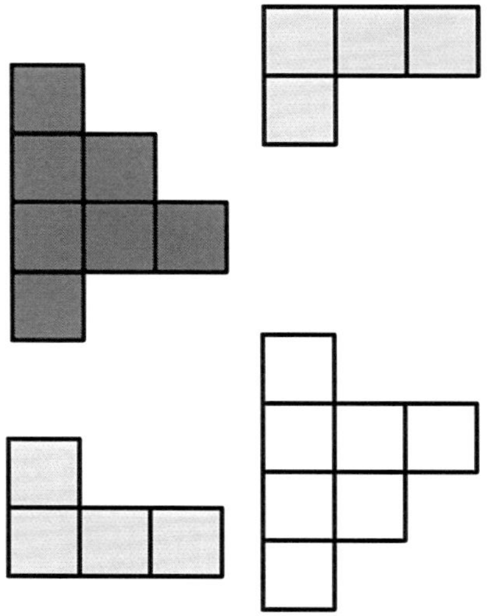

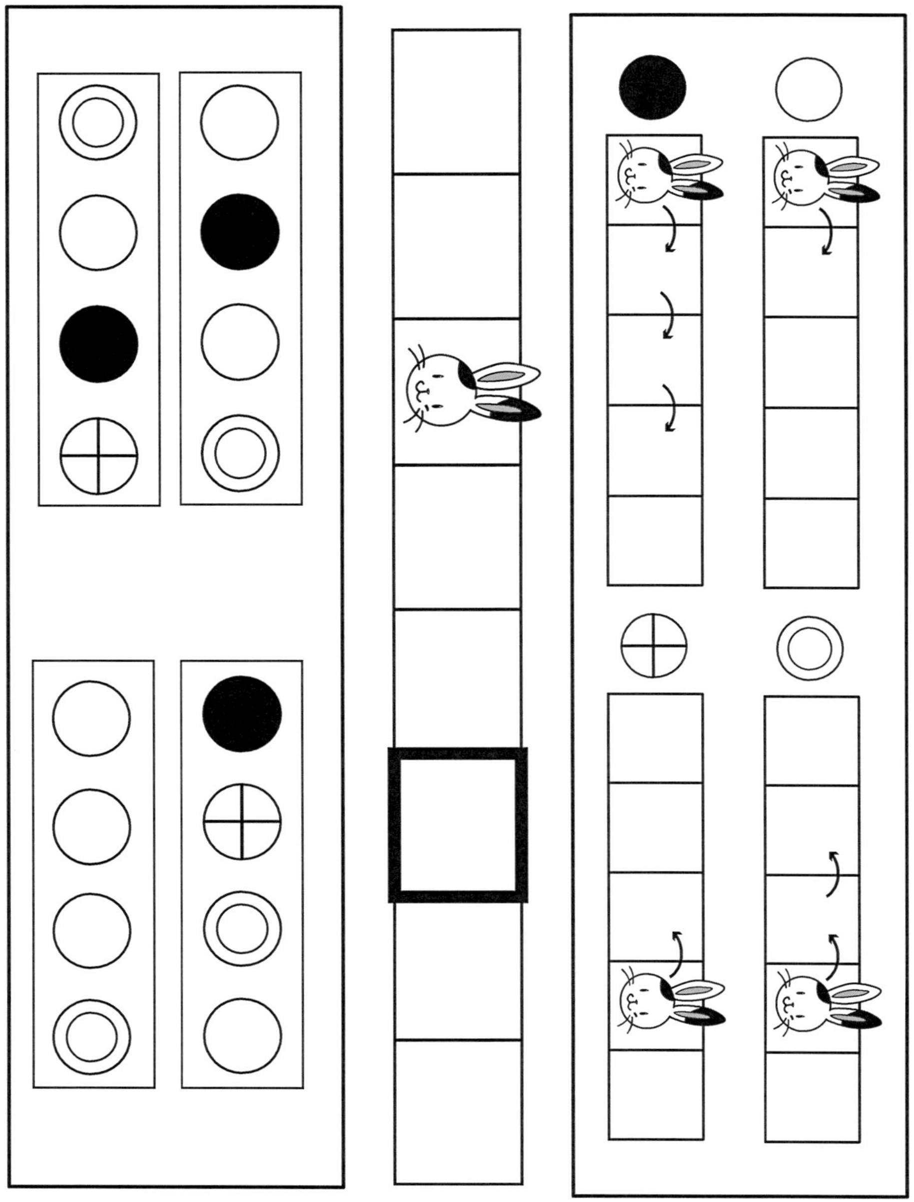

問題11

①②

2021年度 附属天王寺 過去　無断複製／転載を禁ずる　日本学習図書株式会社

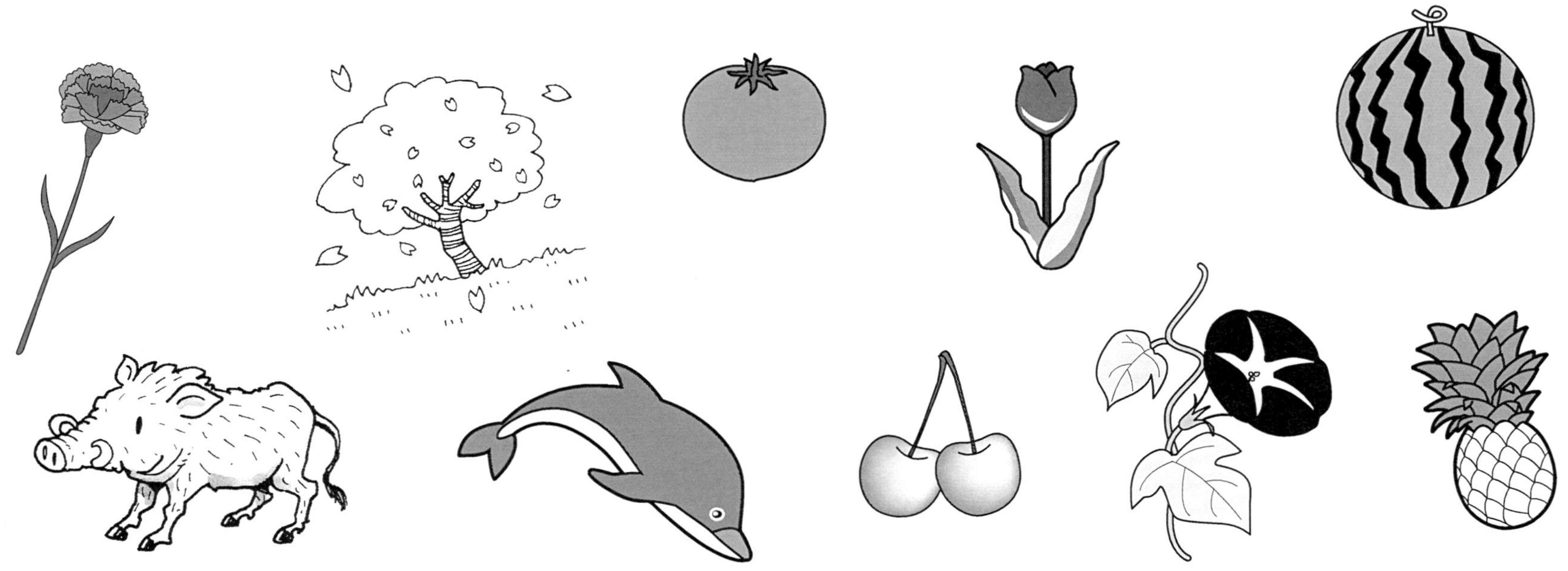

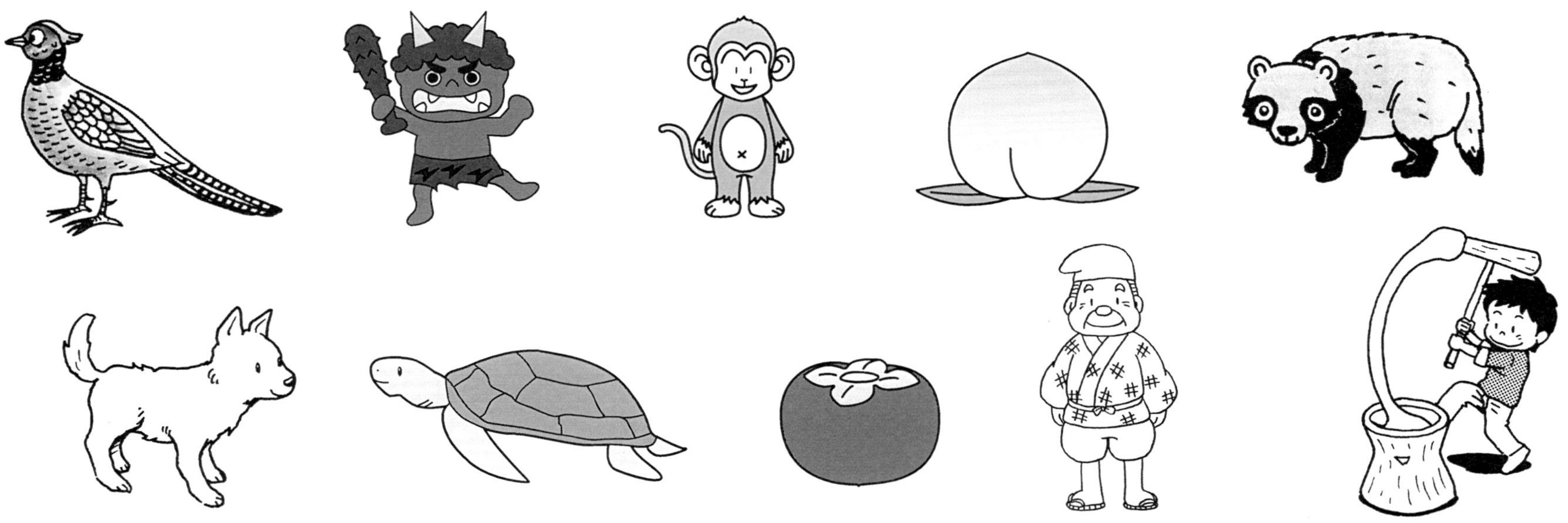

問題12

①

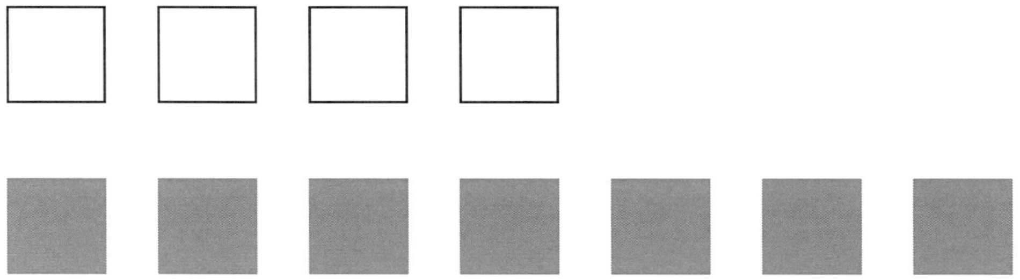

②

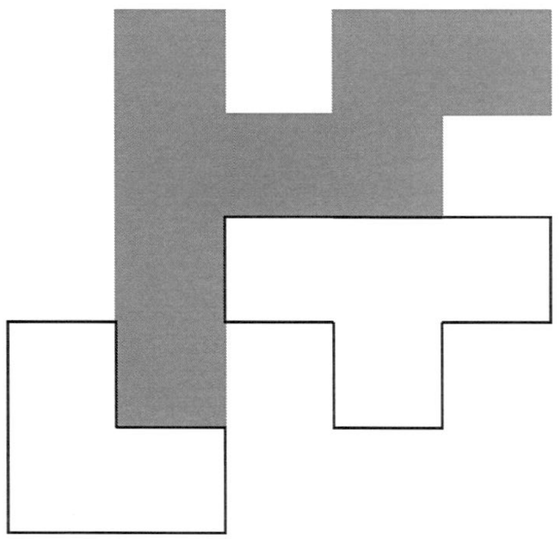

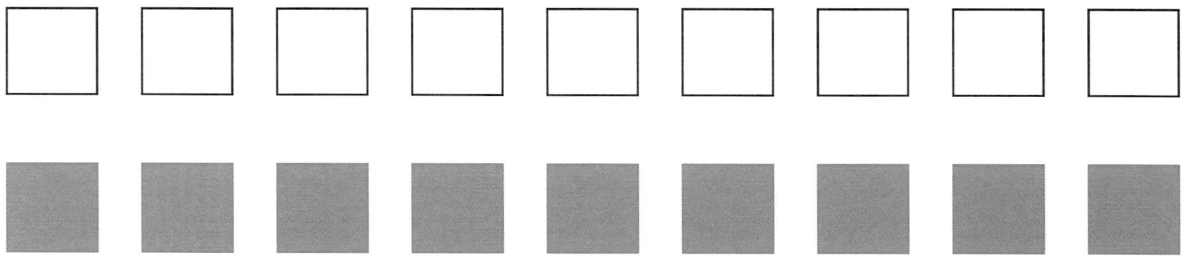

　

日本学習図書株式会社

問題１５

親子活動で作る「リングつなぎ」

① 輪ゴムに細長い折り紙を通し、折り紙の両端をのりで留める

② ①の状態の輪ゴムをリングにつける

③ ②のリングになった折り紙に、輪ゴムを通した折り紙を通し、
その両端をのりで留める

④ ③のリングが付いていない輪ゴムに、リングをつける

⑤ ③④を繰り返す

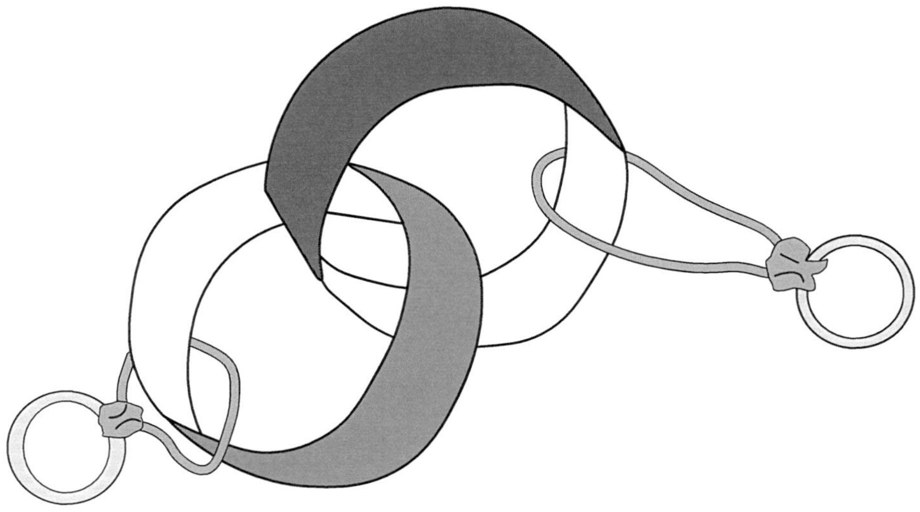

問題１６

親子活動で作る「タワー」

① 折り紙にプラスチックコップの底を押し当て
丸く切る

② 画用紙を丸く切る

③ コップ、画用紙、折り紙の順で積み上げる

④ ①～③を制限時間まで繰り返す

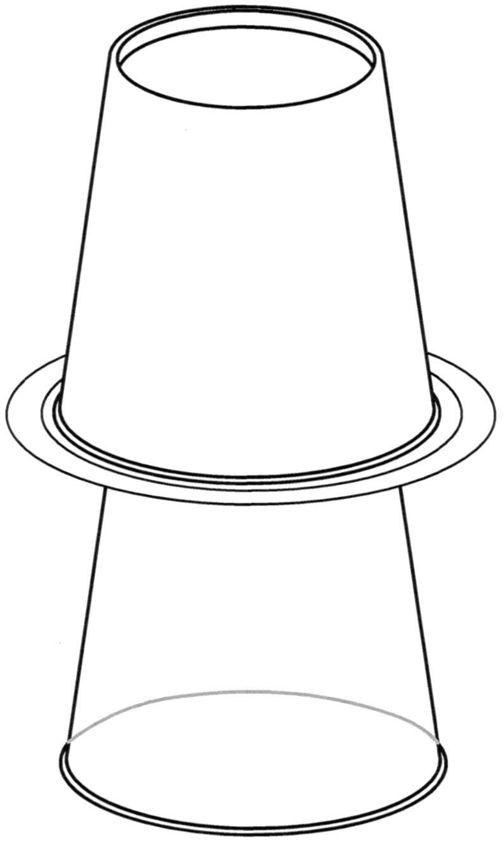

2021年度 附属天王寺 過去 無断複製／転載を禁ずる 日本学習図書株式会社

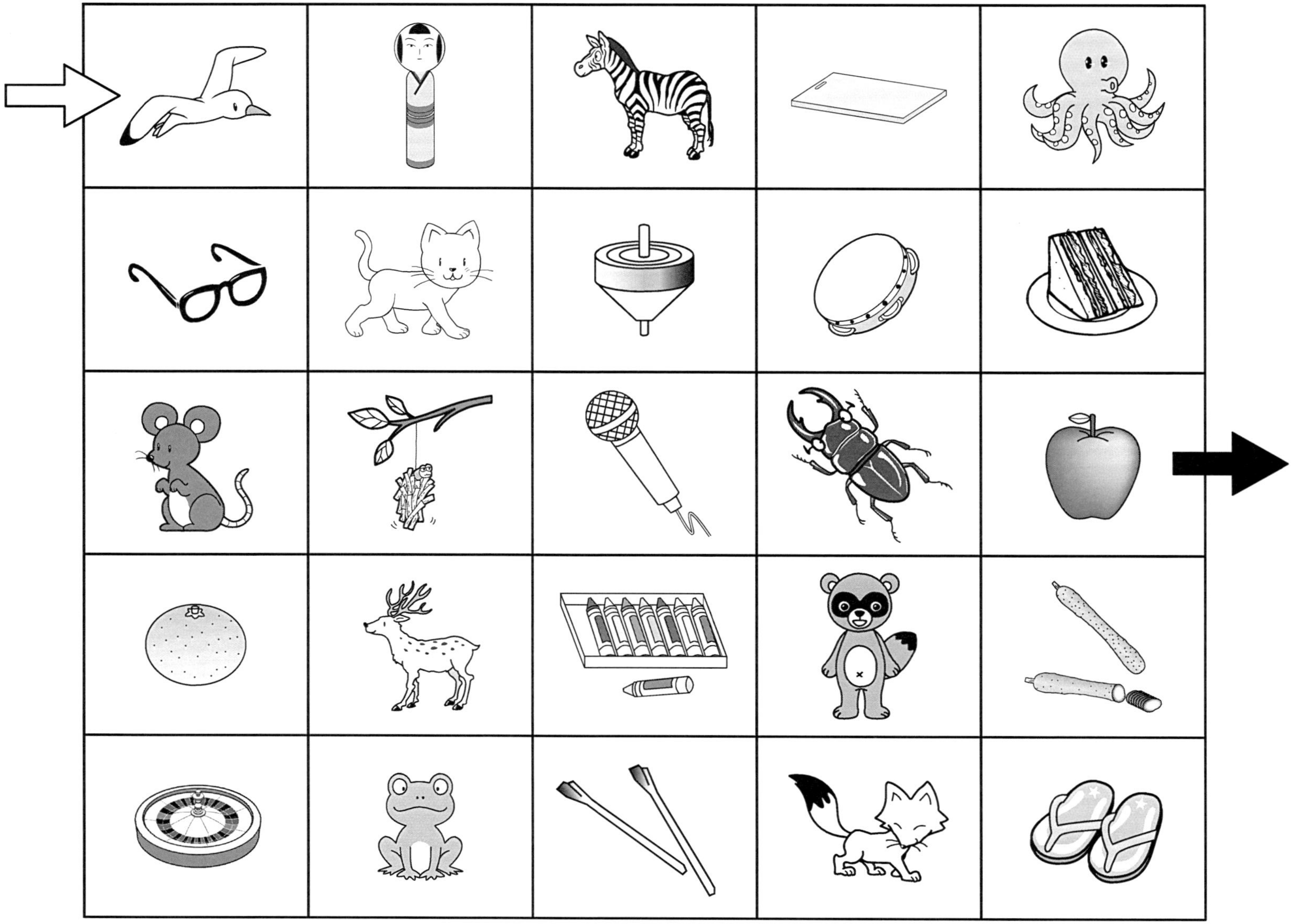

問題１９

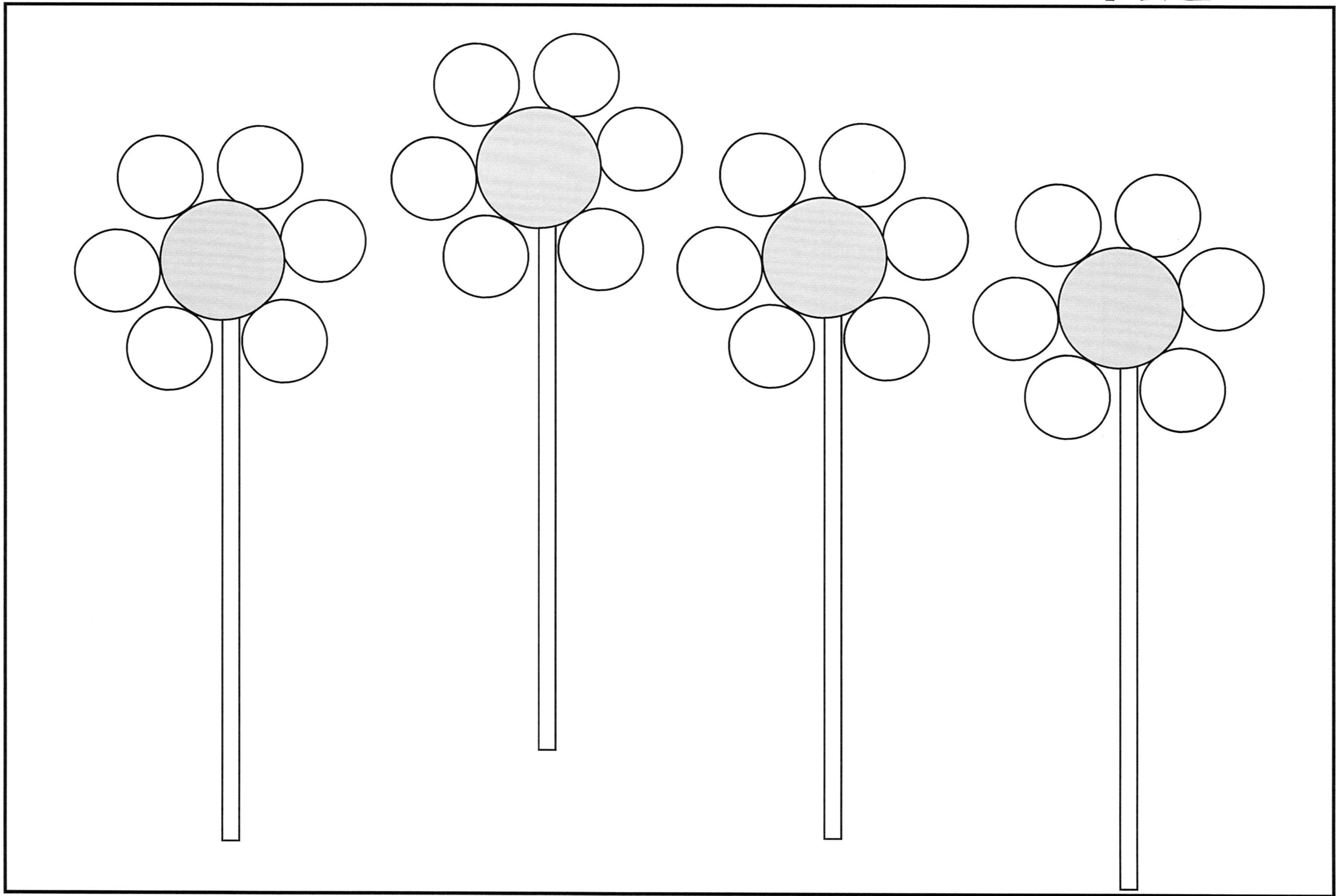

2021年度 附属天王寺 過去　無断複製／転載を禁ずる　日本学習図書株式会社

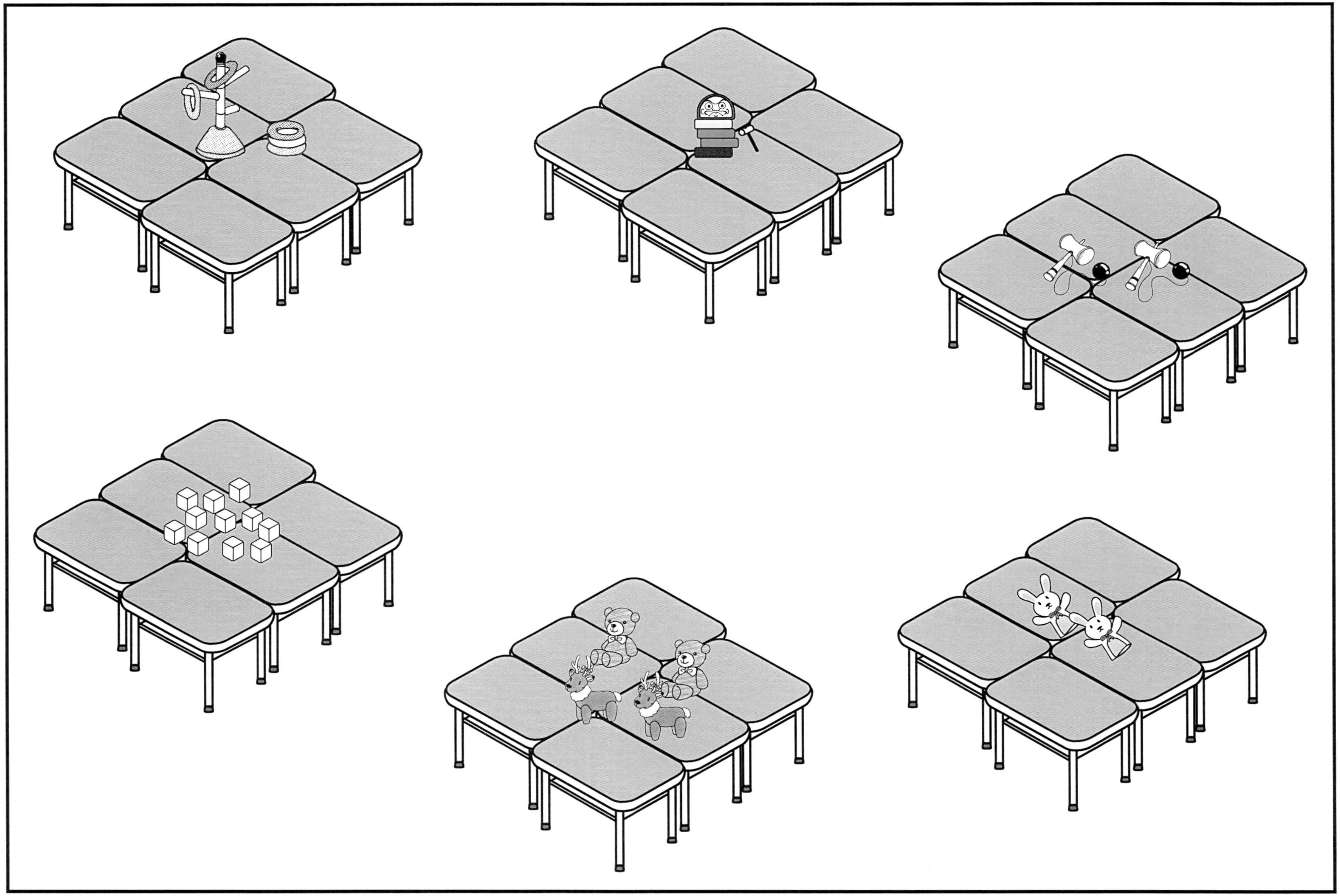

問題２１

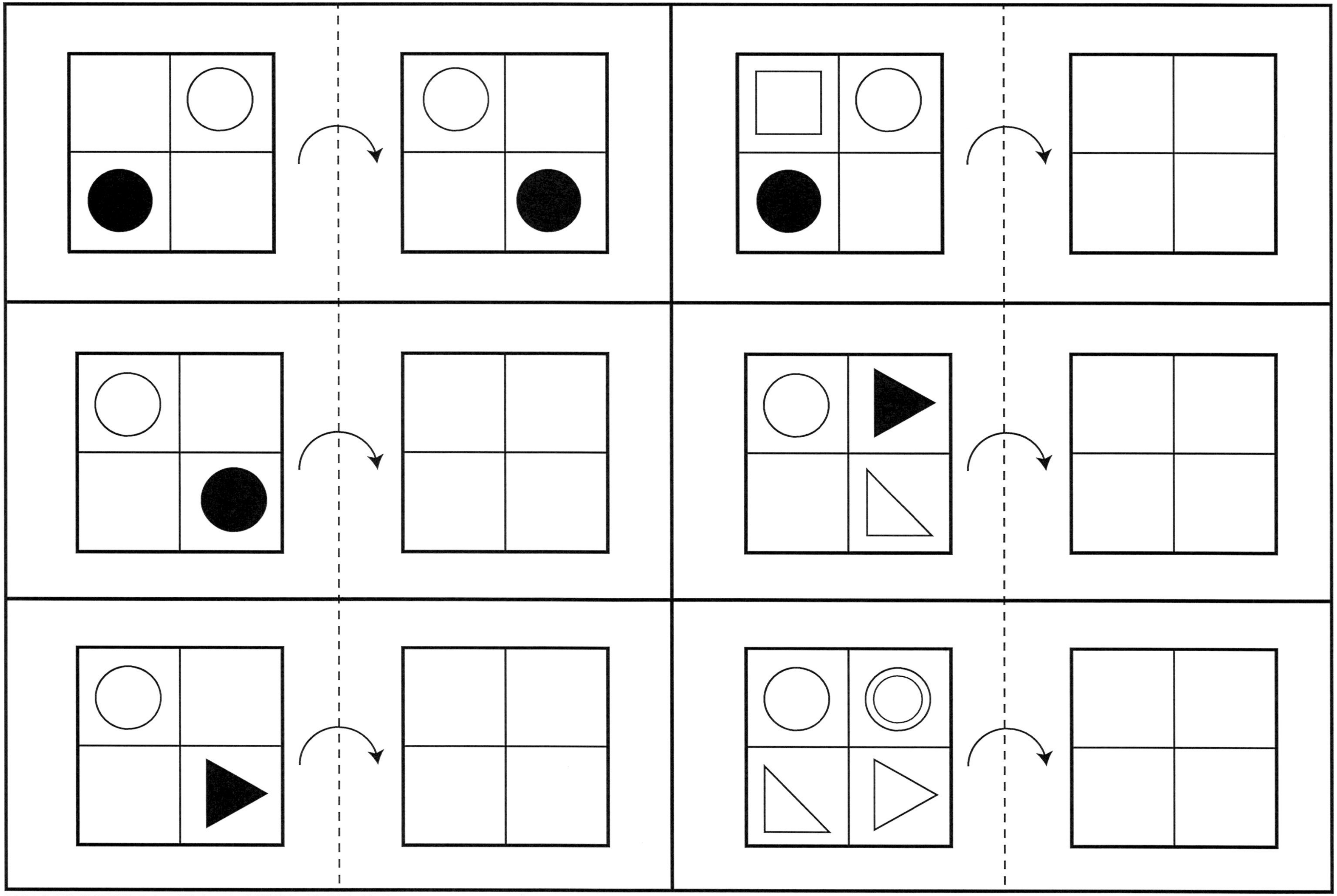

問題２２

①

②

③

2021年度 附属天王寺 過去 無断複製／転載を禁ずる　日本学習図書株式会社

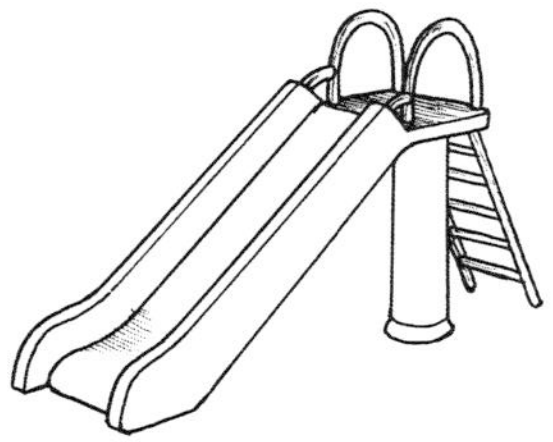

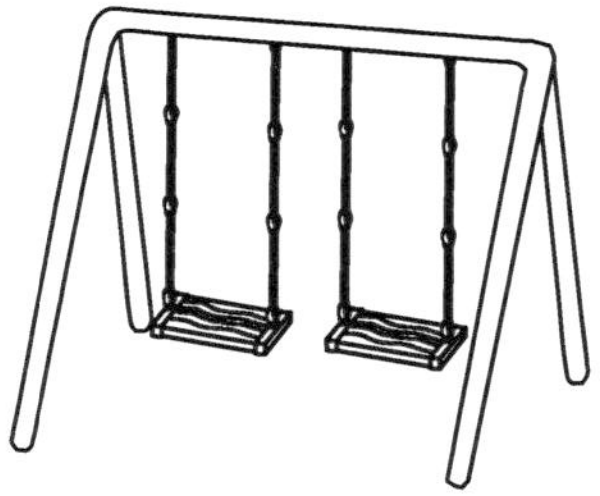

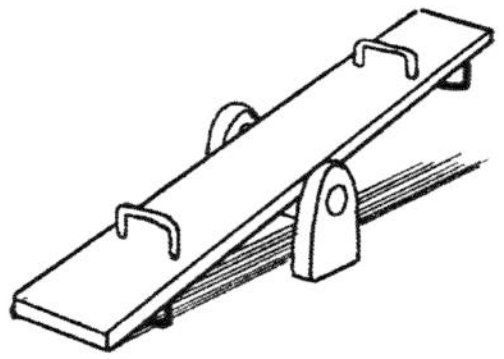

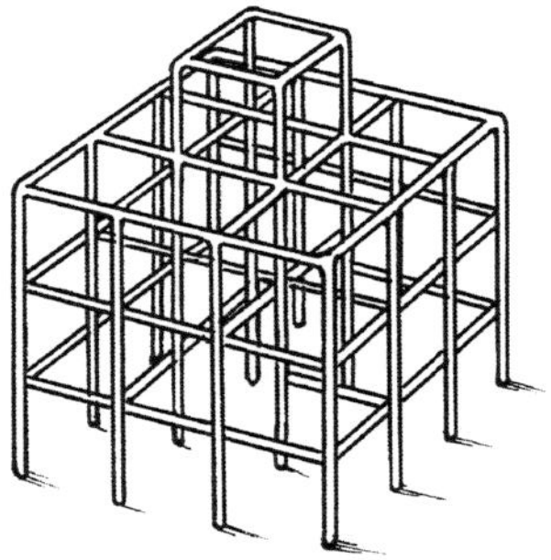

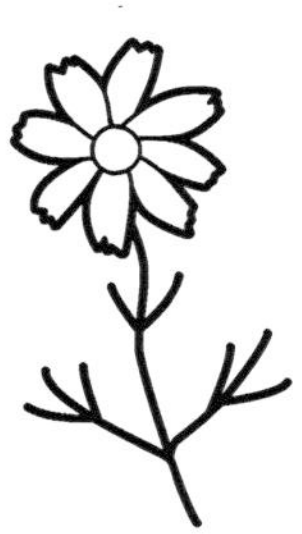

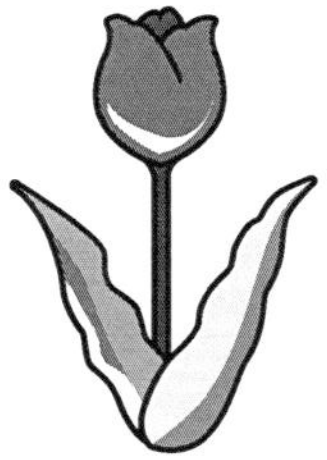

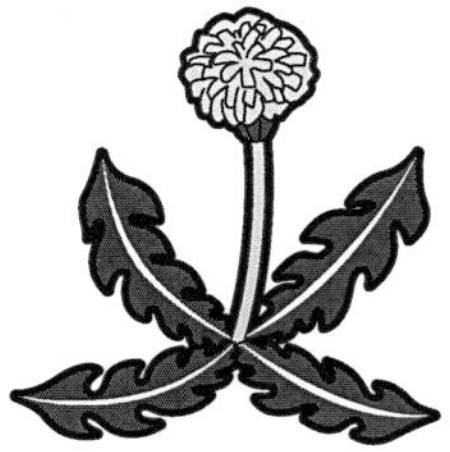

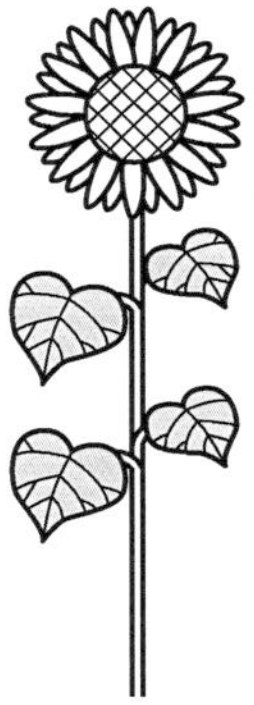

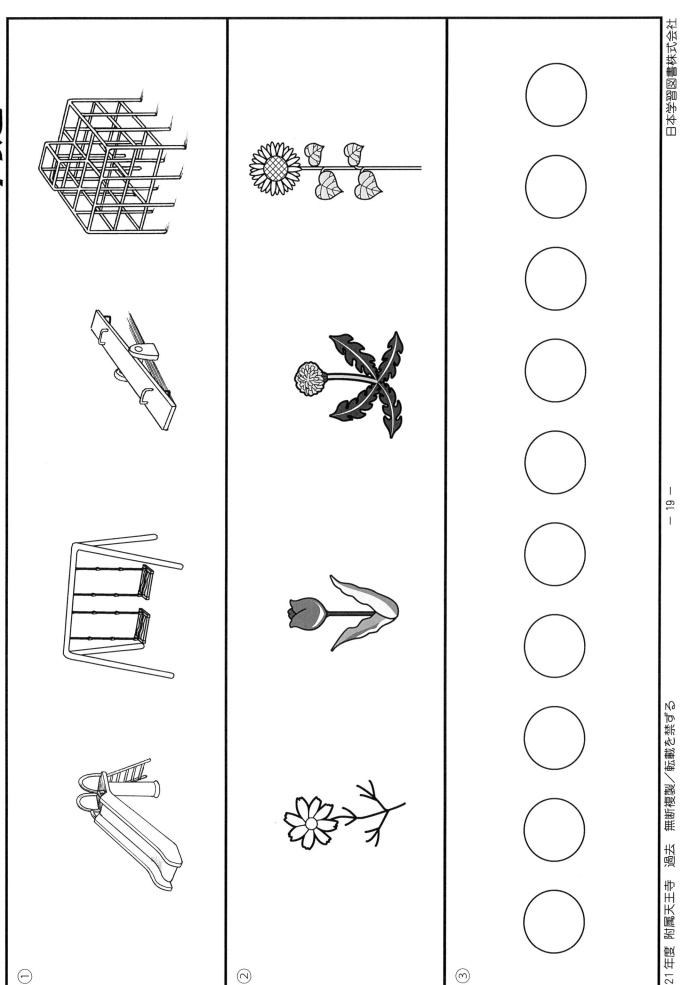

問題２３－１

①

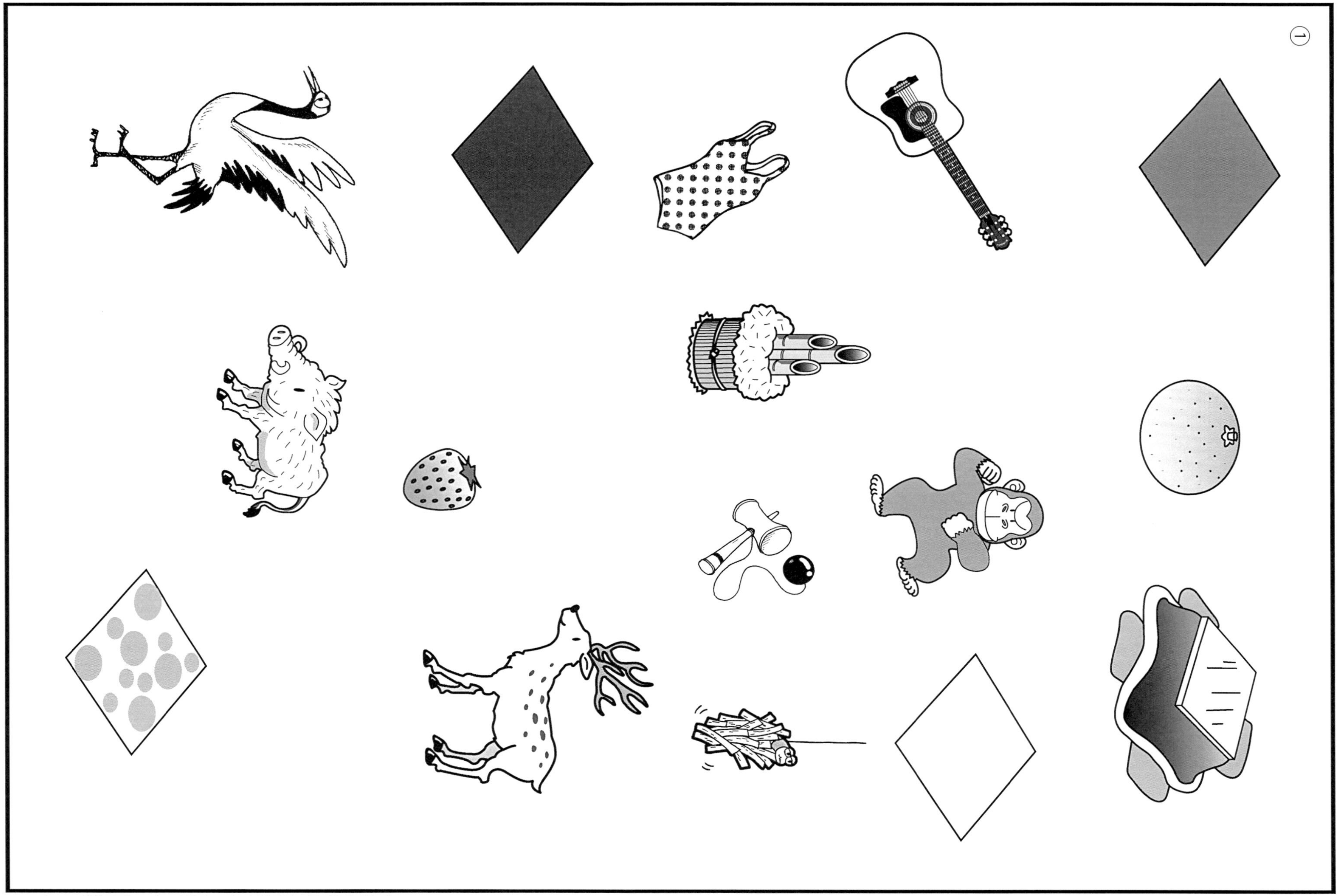

問題２３－２

②

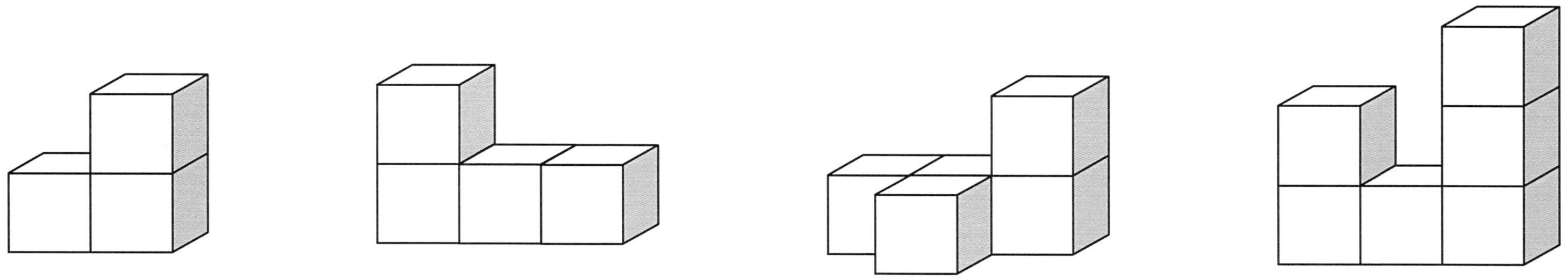

問題２４

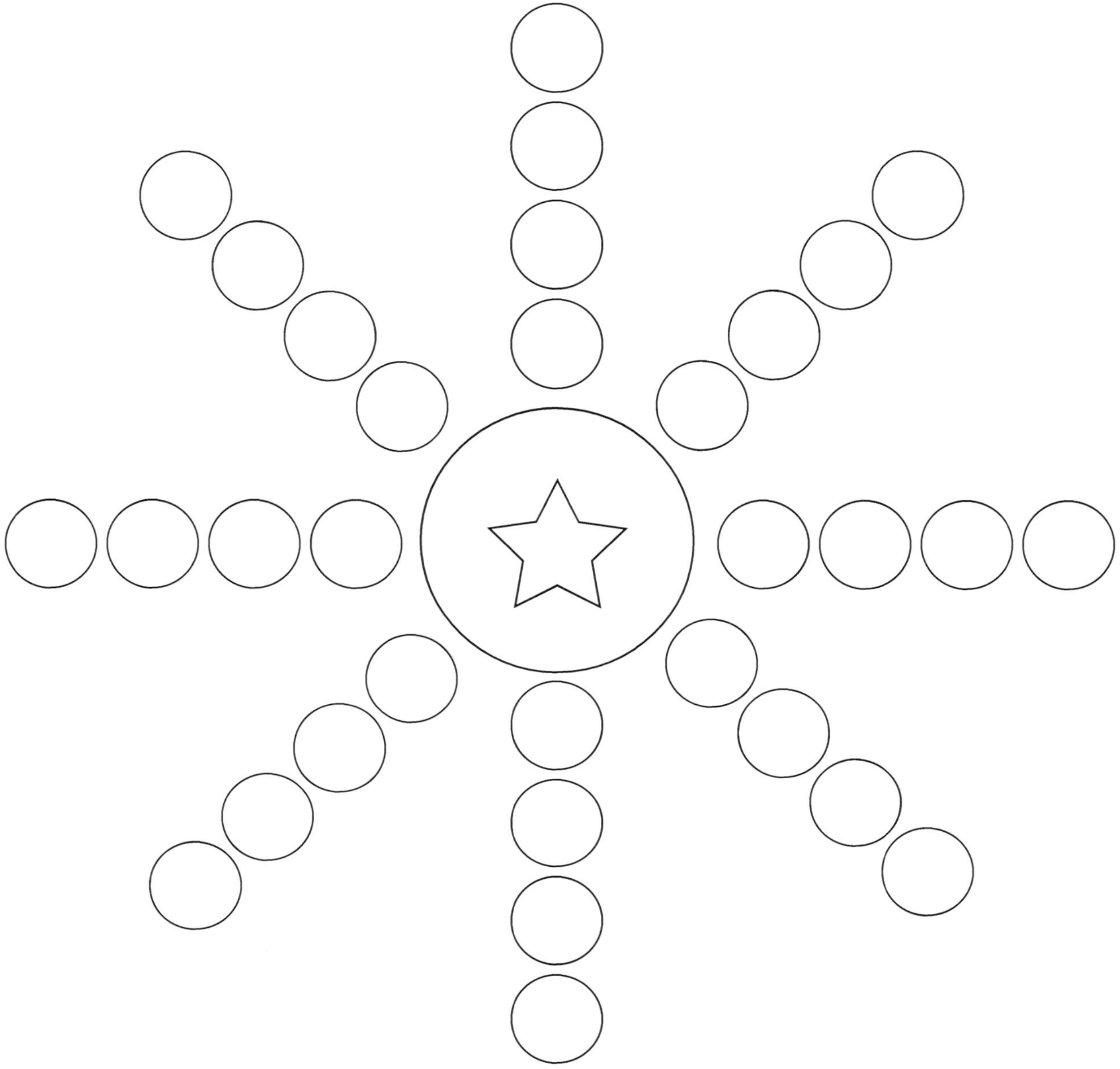

問題25

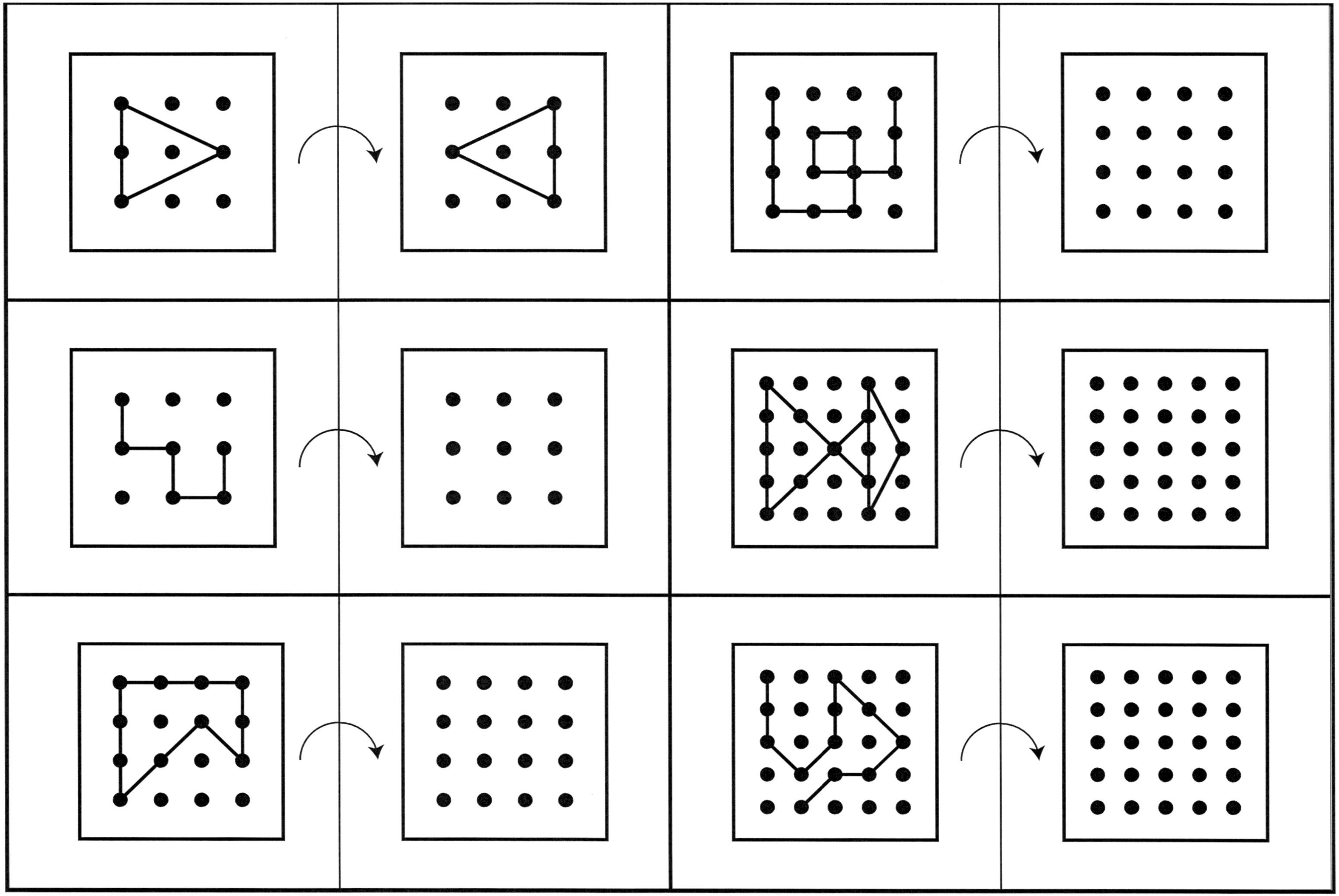

問題２７－１

問題27－2

問題29

①②

③

2021年度 附属天王寺 過去 無断複製／転載を禁ずる　日本学習図書株式会社

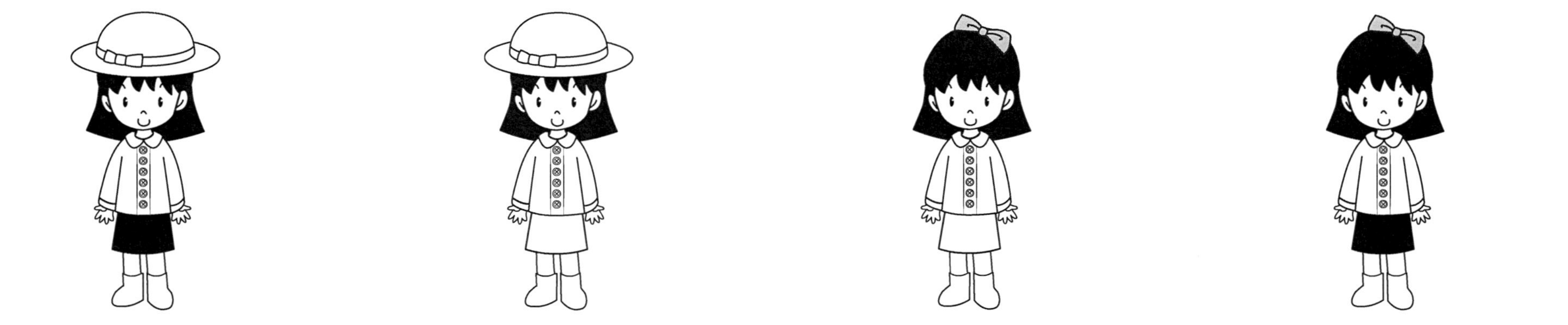

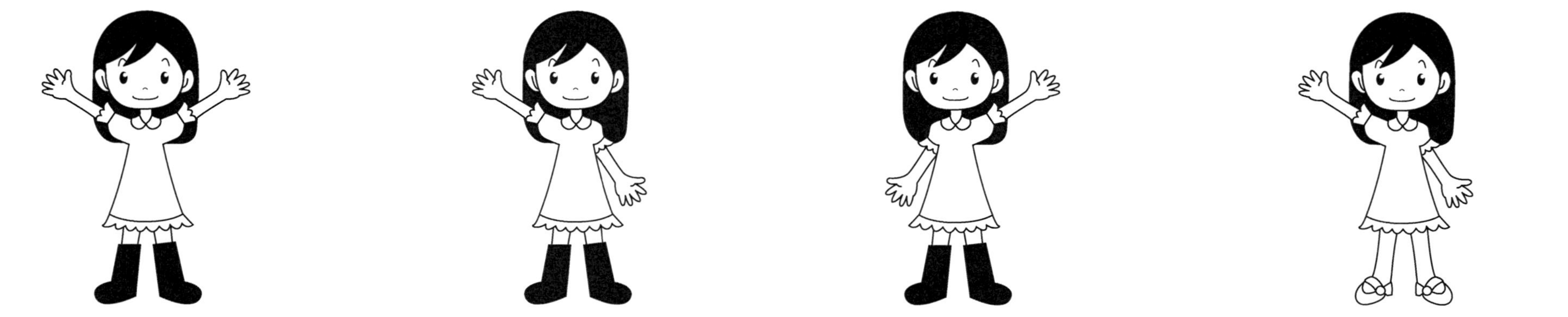

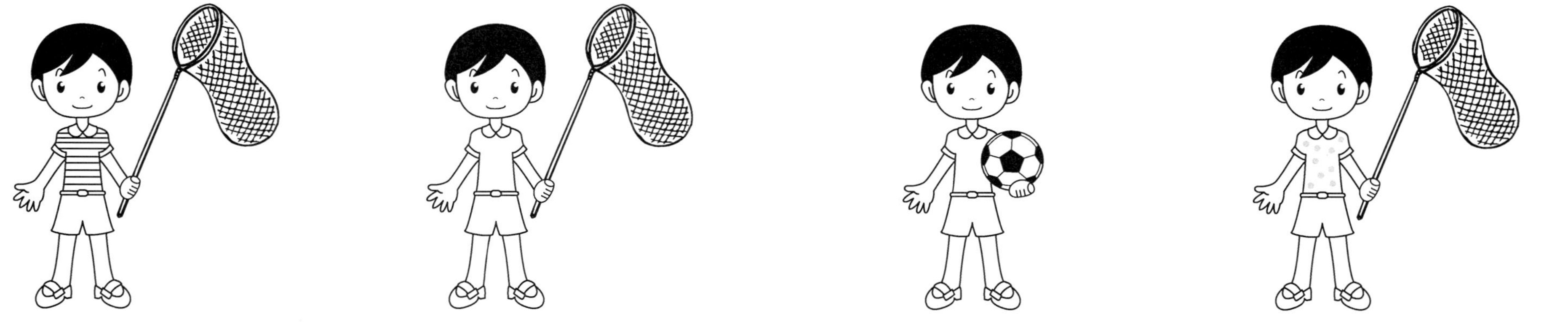

2021年度 附属天王寺 過去　無断複製／転載を禁ずる

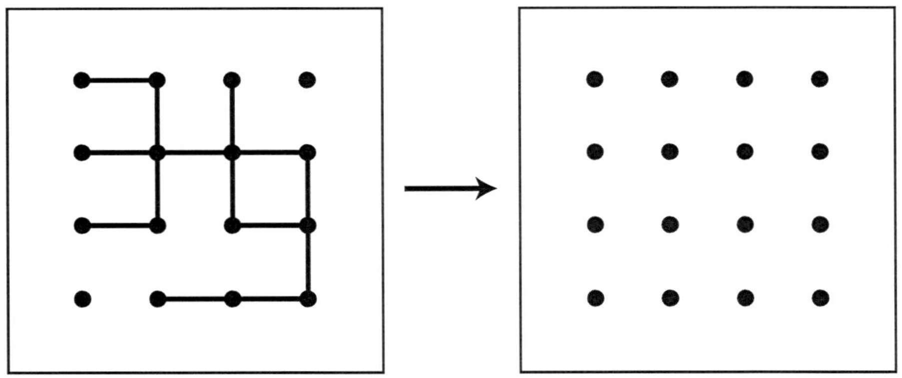

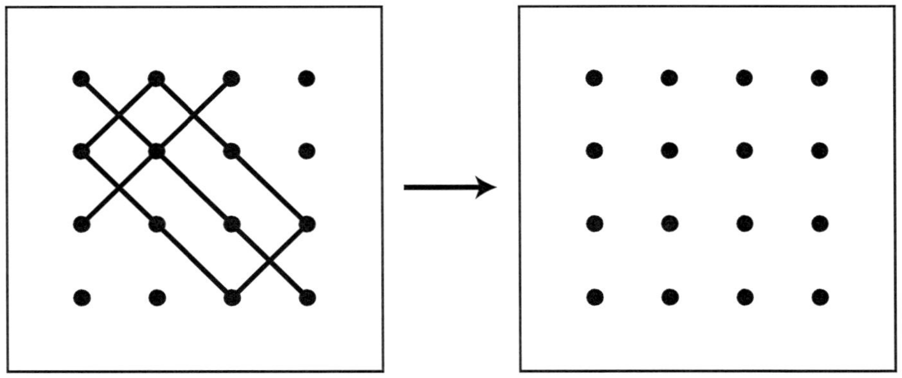

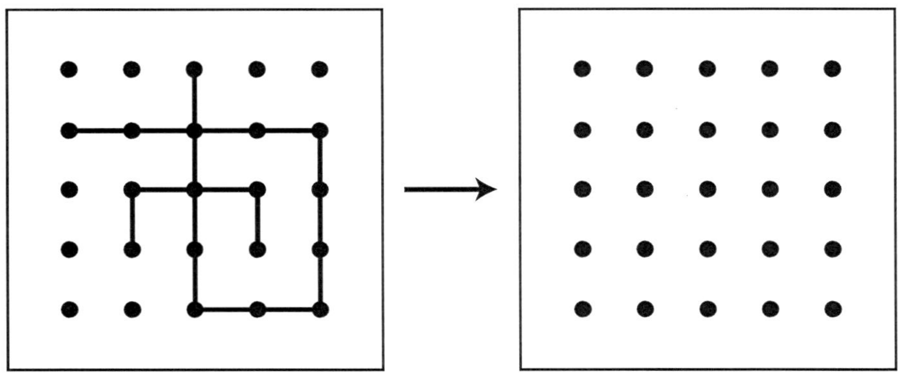

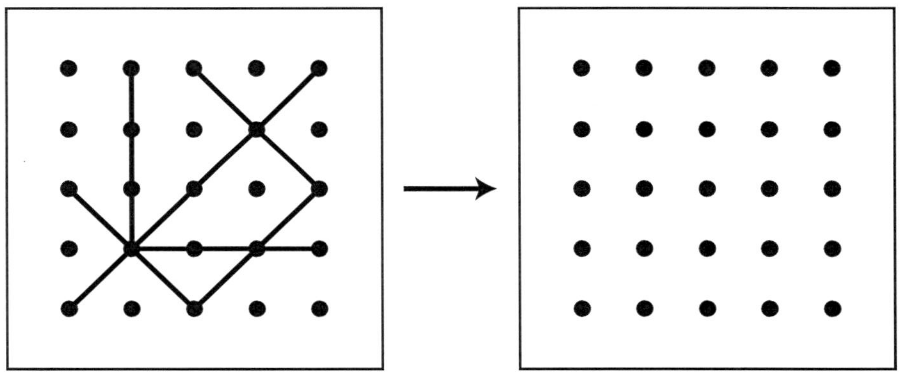

分野別 小学入試練習帳 ジュニアウォッチャー

1．点・線図形	小学校入試で出題頻度の高い『点・線図形』の模写を、難易度の低いものから段階別に幅広く練習することができるように構成。
2．座標	図形の位置模写という作業を、難易度の低いものから段階別に練習できるように構成。
3．パズル	様々なパズルの問題を難易度の低いものから段階別に練習できるように構成。
4．同図形探し	小学校入試で出題頻度の高い、同図形選びの問題を繰り返し練習できるように構成。
5．回転・展開	図形などを回転、または展開したとき、形がどのように変化するかを学習し、理解を深められるように構成。
6．系列	数、図形などの様々な系列問題を、難易度の低いものから段階別に練習できるように構成。
7．迷路	迷路の問題を繰り返し練習できるように構成。
8．対称	対称に関する問題を４つのテーマに分類し、各テーマごとに問題を段階別に練習できるように構成。
9．合成	図形の合成に関する問題を、難易度の低いものから段階別に練習できるように構成。
10．四方からの観察	もの（立体）を様々な角度から見て、どのように見えるかを推理する問題を段階別に整理し、１つの形式で複数の問題を練習できるように構成。
11．いろいろな仲間	ものや動物、植物の共通点を見つけ、分類していく問題を中心に構成。
12．日常生活	日常生活における様々な問題を６つのテーマに分類し、各テーマごとに一つの問題形式で複数の問題を練習できるように構成。
13．時間の流れ	『時間』に着目し、様々なものごとは、時間が経過するとどのように変化するのかということを学習し、理解できるように構成。
14．数える	様々なものを『数える』ことから、数の多少の判定やかけ算、わり算の基礎までを練習できるように構成。
15．比較	比較に関する問題を５つのテーマ（数、高さ、長さ、量、重さ）に分類し、各テーマごとに問題を段階別に練習できるように構成。
16．積み木	数える対象を積み木に限定した問題集。
17．言葉の音遊び	言葉の音に関する問題を５つのテーマに分類し、各テーマごとに問題を段階別に練習できるように構成。
18．いろいろな言葉	表現力をより豊かにするいろいろな言葉として、擬態語や擬声語、同音異義語、反意語、数詞を取り上げた問題集。
19．お話の記憶	お話を聴いてその内容を記憶、理解し、設問に答える形式の問題集。
20．見る記憶・聴く記憶	「見て憶える」「聴いて憶える」という『記憶』分野に特化した問題集。
21．お話作り	いくつかの絵を元にしてお話を作る練習をして、想像力を養うことができるように構成。
22．想像画	描かれてある形や景色に好きな絵を描くことにより、想像力を養うことができるように構成。
23．切る・貼る・塗る	小学校入試で出題頻度の高い、はさみやのりなどを用いた巧緻性の問題を繰り返し練習できるように構成。
24・絵画	小学校入試で出題頻度の高い、お絵かきやぬり絵などクレヨンやクーピーペンを用いた巧緻性の問題を繰り返し練習できるように構成。
25．生活巧緻性	小学校入試で出題頻度の高い日常生活の様々な場面における巧緻性の問題集。
26．文字・数字	ひらがなの清音、濁音、拗音、拗長音、促音と１～20までの数字に焦点を絞り、練習できるように構成。
27．理科	小学校入試で出題頻度が高くなりつつある理科の問題を集めた問題集。
28．運動	出題頻度の高い運動問題を種目別に分けて構成。
29．行動観察	項目ごとに問題提起をし、「このような時はどうか、あるいはどう対処するのか」の観点から問いかける形式の問題集。
30．生活習慣	学校から家庭に提起された問題と思って、一問一問絵を見ながら話し合い、考える形式の問題集。

31．推理思考	数、量、言語、常識（含理科、一般）など、諸々のジャンルから問題を構成し、近年の小学校入試問題傾向に沿って構成。
32．ブラックボックス	箱や筒の中を通ると、どのようなお約束でどのように変化するかを推理・思考する問題集。
33．シーソー	重さの違うものをシーソーに乗せた時どちらに傾くのか、またどうすればシーソーは釣り合うのかを思考する基礎的な問題集。
34．季節	様々な行事や植物などを季節別に分類できるように知識をつける問題集。
35．重ね図形	小学校入試で頻繁に出題されている「図形を重ね合わせてできる形」についての問題を集めました。
36．同数発見	様々な物を数え「同じ数」を発見し、数の多少の判断や数の認識の基礎を学べるように構成した問題集。
37．選んで数える	数の学習の基本となる、いろいろなものの数を正しく数える学習を行う問題集。
38．たし算・ひき算１	数字を使わず、たし算とひき算の基礎を身につけるための問題集。
39．たし算・ひき算２	数字を使わず、たし算とひき算の基礎を身につけるための問題集。
40．数を分ける	数を等しく分ける問題です。等しく分けたときに余りが出るものもあります。
41．数の構成	ある数がどのような数で構成されているか学んでいきます。
42．一対多の対応	一対一の対応から、一対多の対応まで、かけ算の考え方の基礎学習を行います。
43．数のやりとり	あげたり、もらったり、数の変化をしっかりと学びます。
44．見えない数	指定された条件から数を導き出します。
45．図形分割	図形の分割に関する問題集。パズルや合成の分野にも通じる様々な問題を集めました。
46．回転図形	「回転図形」に関する問題集。やさしい問題から始め、いくつかの代表的なパターンから、段階を踏んで学習できるよう編集されています。
47．座標の移動	「マス目の指示通りに移動する問題」と「指示された数だけ移動する問題」を収録。
48．鏡図形	鏡で左右反転させた時の見え方を考えます。平面図形から立体図形、文字、絵まで。
49．しりとり	すべての学習の基礎となる「言葉」を学ぶこと、特に「語彙」を増やすことに重点をおき、さまざまなタイプの「しりとり」問題を集めました。
50．観覧車	観覧車やメリーゴーラウンドなどを舞台にした「回転系列」の問題集。「推理思考」分野の問題ですが、要素として「図形」や「数量」も含みます。
51．運筆①	鉛筆の持ち方を学び、点線なぞり、お手本を見ながらの模写で、線を引く練習をします。
52．運筆②	運筆①からさらに発展し、「欠所補完」や「迷路」などを楽しみながら、より複雑な鉛筆運びを習得することを目指します。
53．四方からの観察 積み木編	積み木を使用した「四方からの観察」に関する問題を練習できるように構成。
54．図形の構成	見本の図形がどのような部分によって形づくられているかを考えます。
55．理科②	理科的知識に関する問題を集中して練習する「常識」分野の問題集。
56．マナーとルール	道路や駅、公共の場でのマナー、安全や衛生に関する常識を学べるように構成。
57．置き換え	さまざまな具体的・抽象的事象を記号で表す「置き換え」の問題を扱います。
58．比較②	長さ・高さ・体積・数などを数学的な知識を使わず、論理的に推測する「比較」の問題を練習できるように構成。
59．欠所補完	線と線のつながり、欠けた絵に当てはまるものなどを求める「欠所補完」に取り組める問題集です。
60．言葉の音（おん）	しりとり、決まった順番の音をつなげるなど、「言葉の音」に関する問題に取り組める練習問題集です。

◆◆ニチガクのおすすめ問題集◆◆

より充実した家庭学習を目指し、ニチガクではさまざまな問題集をとりそろえております!!

ジュニアウォッチャー（既刊60巻）

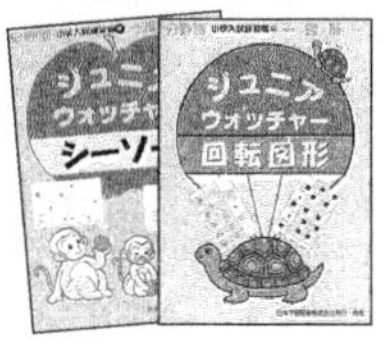

①～60（以下続刊）
本体各¥1,500＋税

入試出題頻度の高い9分野を、さらに60の項目に細分化した問題集が出来ました。
苦手分野におけるつまずきを効率よく克服するための60冊となっており、小学校受験における基礎学習にぴったりの問題集です。ポイントが絞られているため、無駄なく学習を進められる、まさに小学校受験問題集の入門編です。

国立・私立NEWウォッチャーズ

言語/理科/図形/記憶
常識/数量/推理
各2巻・全14巻
本体各¥2,000＋税

シリーズ累計発行部数40万部以上を誇る大ベストセラー「ウォッチャーズシリーズ」の趣旨を引き継ぐ新シリーズができました！
こちらは国立・私立それぞれの出題傾向に合わせた分野別問題集です。全問「解答のポイント」「ミシン目」付き、切り離し可能なプリント学習タイプで家庭学習におすすめです！

まいにちウォッチャーズ（全16巻）

導入編/練習編
実践編/応用編　各4巻
本体各¥2,000＋税

シリーズ累計発行部数40万部以上を誇る大ベストセラー「ウォッチャーズシリーズ」の趣旨を引き継ぐ新シリーズができました！
こちらは、お子さまの学習進度に合わせ、全分野を網羅できる総合問題集です。全問「解答のポイント」「ミシン目」付き、切り離し可能なプリント学習タイプで家庭学習におすすめです！

実践 ゆびさきトレーニング①・②・③

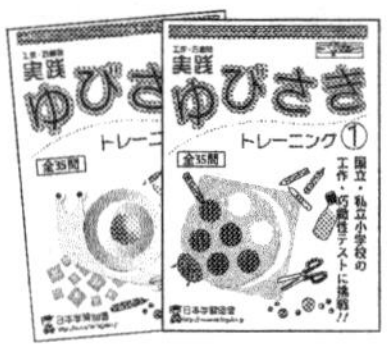

①・②・③　全3巻
本体　各¥2,500＋税

制作問題に特化した問題集ができました。
有名校が実際に出題した問題を分析し、類題を各35問ずつ掲載しています。様々な道具の扱い方（はさみ・のり・セロハンテープの使い方）から、手先・指先の訓練（ちぎる・貼る・塗る・切る・結ぶ）、表現することの楽しさも学習することができる問題集です。

お話の記憶問題集

初級編
本体¥2,600＋税
中級編/上級編
本体各¥2,000＋税

「お話の記憶」分野の問題集ができました。
あらゆる学習に不可欠な、語彙力・集中力・記憶力・理解力・想像力を養うと言われているのが「お話の記憶」という分野です。難易度別に収録されていますので、まずは初級編、慣れてきたら中級編・上級編と学習を進められます。

分野別 苦手克服シリーズ（全6巻）

図形/数量/言語
常識/記憶/推理
本体各¥2,000＋税

お子さまの苦手を克服する問題集ができました。
アンケートに基づき、多くのお子さまが苦手とする数量・図形・言語・常識・記憶の6分野を、それぞれ問題集にまとめました。全問アドバイス付きですので、ご家庭において、そのつまづきを解消するためのプロセスも理解できます。

運動テスト・ノンペーパーテスト問題集

新 運動テスト問題集
本体¥2,200＋税

新 ノンペーパーテスト問題集
本体¥2,600＋税

ノンペーパーテストは国立・私立小学校で幅広く出題される、筆記用具を使用しない分野の問題を全40問掲載しています。
運動テスト問題集は運動分野に特化した問題集です。指示の理解や、ルールを守る訓練など、ポイントを押さえた学習に最適。全35問掲載。

口頭試問・面接テスト問題集

新 口頭試問・個別テスト問題集
本体¥2,500＋税

面接テスト問題集
本体¥2,000＋税

口頭試問は主に個別テストとして口頭で出題解答を行うテスト形式、面接は主に「考え」やふだんの「あり方」をたずねられるものです。
口頭で答える点は同じですが、内容は大きく異なります。想定する質問内容や答え方の幅を広げるために、どちらも手にとっていただきたい問題集です。

小学校受験 厳選難問集 ①・②

①・②・③　全3巻
本体各¥2,600＋税

実際に出題された入試問題の中から、難易度の高い問題をピックアップし、アレンジした問題集です。応用問題への挑戦は、基礎の理解度を測るだけでなく、お子さまの達成感・知的好奇心を触発します。
①は数量・図形・推理・言語、②は位置・常識・比較・記憶分野を掲載しています。各40問。

国立小学校　入試問題総集編

A・B・C（全3巻）
本体各¥3,282＋税

国立小学校頻出の問題を厳選して収録した問題集です。細かな指導方法やアドバイスが掲載してあり、効率的な学習が進められます。
難易度別の収録となっており、お子さまの学習進度に合わせて利用できます。付録のレーダーチャートにより得意・不得意を認識でき、国立小学校受験対策に最適な総合問題集です。

おうちでチャレンジ　①・②

①・②　全2巻
本体　各¥1,800＋税

関西最大級の模擬試験『小学校受験標準テスト』ペーパー問題を編集した、実力養成に最適な問題集です。延べ受験者数10,000人以上のデータを分析し、お子さまの習熟度・到達度を一目で判別できるようになっています。
保護者必読の特別アドバイス収録！学習習熟度を測るためにも、定期的に活用したい一冊です。

Q＆Aシリーズ

『小学校受験で知っておくべき125のこと』
『新 小学校受験の入試面接Q＆A』
『新 小学校受験 願書・アンケート文例集500』

本体各¥2,600＋税

「知りたい！」「聞きたい！」
「こんな時どうすれば…？」
そんな疑問や悩みにお答えする、当社で人気の保護者向け書籍です。受験を考え始めた保護者の方や、実際に入試の出願・面接などを控えている直前の保護者の方など、さまざまな場面で参考にしていただける書籍となっています。

書籍についてのご注文・お問い合わせ
☎ 03-5261-8951
http://www.nichigaku.jp
※ご注文方法、書籍についての詳細は、Webサイトをご覧ください。
日本学習図書　検索

図書カード 1000 円分プレゼント

ご記入日　　年　月　日

☆国・私立小学校受験アンケート☆

※可能な範囲でご記入下さい。選択肢は○で囲んで下さい。

〈小学校名〉＿＿＿＿＿＿＿＿＿＿＿＿　〈お子さまの性別〉男・女　〈誕生月〉＿＿月

〈その他の受験校〉（複数回答可）＿＿＿＿＿＿＿＿＿＿＿＿＿＿＿＿

〈受験日〉①：＿＿月＿＿日〈時間〉＿＿時＿＿分　～　＿＿時＿＿分

②：＿＿月＿＿日〈時間〉＿＿時＿＿分　～　＿＿時＿＿分

〈受験者数〉男女計＿＿名（男子＿＿名　女子＿＿名）

〈お子さまの服装〉＿＿＿＿＿＿＿＿＿＿＿＿＿＿＿＿

〈入試全体の流れ〉（記入例）準備体操→行動観察→ペーパーテスト

＿＿＿＿＿＿＿＿＿＿＿＿＿＿＿＿＿＿＿＿＿＿＿＿

Eメールによる情報提供

日本学習図書では、Eメールでも入試情報を募集しております。
下記のアドレスに、アンケートの内容をご入力の上、メールをお送り下さい。

ojuken@nichigaku.jp

●行動観察　（例）好きなおもちゃで遊ぶ・グループで協力するゲームなど

〈実施日〉＿＿月＿＿日〈時間〉＿＿時＿＿分　～　＿＿時＿＿分〈着替え〉□有　□無

〈出題方法〉□肉声　□録音　□その他（　　　　　）〈お手本〉□有　□無

〈試験形態〉□個別　□集団（　　　人程度）　〈会場図〉

〈内容〉

□自由遊び

＿＿＿＿＿＿＿＿＿＿＿＿＿＿＿＿＿＿＿＿

□グループ活動

＿＿＿＿＿＿＿＿＿＿＿＿＿＿＿＿＿＿＿＿

□その他

＿＿＿＿＿＿＿＿＿＿＿＿＿＿＿＿＿＿＿＿

●運動テスト（有・無）　（例）跳び箱・チームでの競争など

〈実施日〉＿＿月＿＿日〈時間〉＿＿時＿＿分　～　＿＿時＿＿分〈着替え〉□有　□無

〈出題方法〉□肉声　□録音　□その他（　　　　　）〈お手本〉□有　□無

〈試験形態〉□個別　□集団（　　　人程度）　〈会場図〉

〈内容〉

□サーキット運動

□走り　□跳び箱　□平均台　□ゴム跳び

□マット運動　□ボール運動　□なわ跳び

□クマ歩き

□グループ活動＿＿＿＿＿＿＿＿＿＿＿＿＿＿＿＿

□その他＿＿＿＿＿＿＿＿＿＿＿＿＿＿＿＿

●知能テスト・口頭試問

〈実施日〉＿＿月＿＿日〈時間〉＿＿時＿＿分 ～ ＿＿時＿＿分〈お手本〉☐有 ☐無

〈出題方法〉☐肉声 ☐録音 ☐その他（　　　　　　）〈問題数〉＿＿枚＿＿問

分野	方法	内容	詳細・イラスト
（例） お話の記憶	☑筆記 ☐口頭	動物たちが待ち合わせをする話	（あらすじ） 動物たちが待ち合わせをした。最初にウサギさんが来た。次にイヌくんが、その次にネコさんが来た。最後にタヌキくんが来た。 （問題・イラスト） ３番目に来た動物は誰か 
お話の記憶	☐筆記 ☐口頭		（あらすじ） （問題・イラスト）
図形	☐筆記 ☐口頭		
言語	☐筆記 ☐口頭		
常識	☐筆記 ☐口頭		
数量	☐筆記 ☐口頭		
推理	☐筆記 ☐口頭		
その他	☐筆記 ☐口頭		

●制作 （例）ぬり絵・お絵かき・工作遊びなど

〈実施日〉＿月＿日 〈時間〉＿時＿分 ～ 時＿分

〈出題方法〉 □肉声 □録音 □その他（ ） 〈お手本〉□有 □無

〈試験形態〉 □個別 □集団（ 人程度）

材料・道具	制作内容
□ハサミ □のり（□つぼ □液体 □スティック） □セロハンテープ □鉛筆 □クレヨン（ 色） □クーピーペン（ 色） □サインペン（ 色）□ □画用紙（□ A4 □ B4 □ A3 □その他： ） □折り紙 □新聞紙 □粘土 □その他（ ）	□切る □貼る □塗る □ちぎる □結ぶ □描く □その他（ ） タイトル：＿＿＿＿＿＿＿＿

●面接

〈実施日〉＿月＿日 〈時間〉＿時＿分 ～ 時＿分〈面接担当者〉＿名

〈試験形態〉□志願者のみ（ ）名 □保護者のみ □親子同時 □親子別々

〈質問内容〉

※試験会場の様子をご記入下さい。

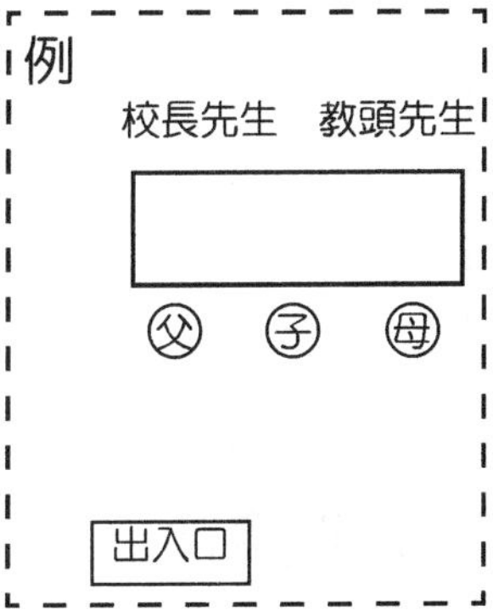

□志望動機 □お子さまの様子

□家庭の教育方針

□志望校についての知識・理解

□その他（ ）

（ 詳 細 ）

・

・

・

・

●保護者作文・アンケートの提出（有・無）

〈提出日〉 □面接直前 □出願時 □志願者考査中 □その他（ ）

〈下書き〉 □有 □無

〈アンケート内容〉

（記入例）当校を志望した理由はなんですか（150 字）

●説明会（□有 □無）〈開催日〉＿＿月＿＿日〈時間〉＿＿時＿＿分＿＿～＿＿時＿＿分

〈上履き〉 □要 □不要 〈願書配布〉 □有 □無 〈校舎見学〉 □有 □無

〈ご感想〉

●参加された学校行事 （複数回答可）

公開授業〈開催日〉＿＿月＿＿日〈時間〉＿＿時＿＿分＿＿～＿＿時＿＿分

運動会など〈開催日〉＿＿月＿＿日〈時間〉＿＿時＿＿分＿＿～＿＿時＿＿分

学習発表会・音楽会など〈開催日〉＿＿月＿＿日〈時間〉＿＿時＿＿分＿＿～＿＿時＿＿分

〈ご感想〉

※是非参加したほうがよいと感じた行事について

●受験を終えてのご感想、今後受験される方へのアドバイス

※対策学習（重点的に学習しておいた方がよい分野）、当日準備しておいたほうがよい物など

＊＊＊＊＊＊＊＊＊＊＊＊＊ ご記入ありがとうございました ＊＊＊＊＊＊＊＊＊＊＊＊＊

必要事項をご記入の上、ポストにご投函ください。

なお、本アンケートの送付期限は入試終了後３ヶ月とさせていただきます。また、入試に関する情報の記入量が当社の基準に満たない場合、謝礼の送付ができないことがございます。あらかじめご了承ください。

ご住所：〒＿＿＿＿＿＿＿＿＿＿＿＿＿＿＿＿＿＿＿＿

お名前：＿＿＿＿＿＿＿＿＿＿ メール：＿＿＿＿＿＿＿＿＿＿

ＴＥＬ：＿＿＿＿＿＿＿＿＿＿ ＦＡＸ：＿＿＿＿＿＿＿＿＿＿

アンケートのご記入
ありがとうございました

ご記入頂いた個人に関する情報は、当社にて厳重に管理致します。弊社の個人情報取り扱いに関する詳細は、www.nichigaku.jp/policy.php の「個人情報の取り扱い」をご覧下さい。

家庭学習をトータルサポート！ ニチガクのオリジナル 効果的 学習法

1 まずは アドバイスページを読む！

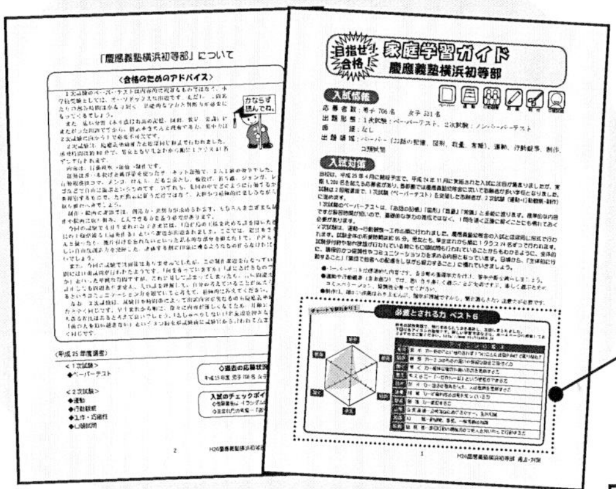

ピンク色です

対策や試験ポイントがぎっしりつまった「家庭学習ガイド」。分析内容やレーダーチャート、分野アイコンで、試験の傾向をおさえよう！

2 問題を全て読み、出題傾向を把握する

3 「学習のポイント」で学校側の観点や問題の解説を熟読

4 初めて過去問題にチャレンジ！

5 プラスα 対策問題集や類題で力を付ける

過去問のこだわり

各問題に求められる「力」

分野だけでなく、各問題の求められる「力」をアイコンで表記！アドバイスページの分析レーダーチャートで力のバランスも把握できる！

各問題のジャンル

問題１ 分野：数量（計数）　　集中 観察

〈準備〉 クレヨン

〈問題〉 ①虫がたくさんいます。それぞれの虫は何匹いますか。下のそれぞれの絵の右側に、その数だけ緑色のクレヨンで○を書いてください。
②果物が並んでいます。それぞれの果物はいくつありますか。下のそれぞれの絵の右側に、その数だけ赤色のクレヨンで○を書いてください。

〈時間〉 1分

〈解答〉 ①アメンボ…5、カブトムシ…8、カマキリ…11、コオロギ…9
②ブドウ…6、イチゴ…10、バナナ…8、リンゴ…5

［2018年度出題］

出題年度

学習のポイント

①は男子、②は女子で出題されました。1次試験のペーパーテストは、全体的にオーソドックスな内容で、特に難易度が高い問題ではありません。しかし、解答時間が短く、解き終わらない受験者も多かったようです。本問のような計数問題では、特に根気よく、数え落としがないように進めなければなりません。そのためにも、例えば、左上の虫から右に見ていく、もしくは縦に見ていく、というように、ルールを決めて数えていくこと、また、○や×、△などの印を虫ごとに付けていくことで、数え落としのミスを減らせます。時間は短いため焦りがつきものですが、落ち着いて取り組めるよう、少しずつ練習していきましょう。

【おすすめ問題集】
Ｊｒ・ウォッチャー14「数える」、37「選んで数える」

学習のポイント

各問題の解説や学校の観点、指導のポイントなどを教えます。
今日から家庭学習の先生に！

おすすめ対策問題集

分野ごとに対策問題集をご紹介。苦手分野の克服に最適です！
＊巻末には専門注文書付き。

2021年度版　大阪教育大学附属天王寺小学校
過去問題集

発行日　2020年3月16日
発行所　〒162-0821　東京都新宿区津久戸町 3-11-9F
日本学習図書株式会社
電　話　03-5261-8951 ㈹

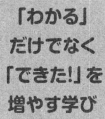

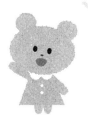